向内求

认识自己的成长法则

KNOW YOURSELF

李书玲 —— 著

机械工业出版社
CHINA MACHINE PRESS

图书在版编目（CIP）数据

向内求：认识自己的成长法则/李书玲著.—北京：机械工业出版社，2022.12（2023.12
重印）
ISBN 978-7-111-72636-4

I. ①向… II. ①李… III. ①领导学－通俗读物 IV. ① C933-49

中国国家版本馆 CIP 数据核字（2023）第 025742 号

向内求：认识自己的成长法则

出版发行：机械工业出版社（北京市西城区百万庄大街 22 号　邮政编码：100037）
策划编辑：许若茜
责任编辑：华　蕾
责任校对：丁梦卓　　李　婷
责任印制：常天培
印　　刷：固安县铭成印刷有限公司
版　　次：2023 年 12 月第 1 版第 4 次印刷
开　　本：147mm×210mm　1/32
印　　张：9
书　　号：ISBN 978-7-111-72636-4
定　　价：79.00 元

客服电话：（010）88361066　68326294

赞誉

　　本书提出的核心结论是：认识自己，成为更好的自己，实现由内而外的成长。这是最高效的学习方式，也是中国传统文化的精髓之一——"反求诸己，内圣外王"的真正意义所在。"反求诸己"最早出自《孟子·公孙丑上》。在社会文明高度发展以及竞争关系日趋激烈的今天，从自我内部的意识出发，重新思考"反求诸己"这一中国传统的自我批判和省察方式，探究这一思想在自我学习成长中的新路径和新价值，无疑具有重要的理论和实践意义。

　　当前环境日益纷繁复杂，企业要想获得竞争优势，持续学习是基本路径。在学习的过程中，我们需要时刻提醒自己"反求诸己"，将"向内求"的进步精神真正变成自己思维和行动的本能，持续提升自我觉察能力，确保在复杂动态的实际运营过程中始终能够把握本质，以适应环境的快速变化，在竞争日益激烈的社会大环境中持续更好地发展。

生活在快速变化的现实世界中，人们很容易因为外部环境的压力让自己陷入狂热而焦虑，或者在自卑又自怨自艾的心态之中，加速身心的消耗。一个人对精神世界的开辟和探索，也变得格外重要。收摄本心，凝聚自身，在纷繁的物欲和竞争社会中，人们需要从外面的世界回退到自己的心灵之内，打通由内而外的成长路径，以不断强大的心灵支撑起外在的责任与使命。

本书所阐述的高效成长法则，让深陷物质世界中的人有了面向自己的可能，人们可以从内在认识和探索的角度，即从自我开始看世界。通过学习这套法则，我们看待世界的广度和深度将会被大幅度拓宽和加深，与此同时，也将实现精神世界的重构和深入，让真正追求成长的人更容易在客观世界中不断实现超越性的创造。

董俊姿（贝泰妮集团联合创始人）

近年来我一直在强调，流量红利的时代已经结束，"人心红利"时代正在到来。战略、营销、组织都离不开人，喧嚣过后，返璞归真，终归还是要回到人心。

洞察人心、引领心智，需要对他人和自己有深刻的认知。研究人的动机、习惯、学习方法、思维误区，需要走向生命的纵深处，展开对生命运行机制的实践性探讨。

李书玲博士的新作《向内求：认识自己的成长法则》就是这样一本探查心智的系统性著作，既分享了有效学习的逻辑和方法，也探讨了生命动力、生命自由等深刻话题。我非常认同其中的基本逻辑：学习的本质，其实是通过探索世界来达成对自己的深度认知，进而通过自我觉察的进步和心智开发，提升洞察"理、事、人"的能力，以便更好地造福世界。

对职场精英和企业家而言，经营和组织需要回到人的原点，生命的价值体现则要走向高处，走近源头。

江南春（分众传媒董事长）

很多时候，我们不知道什么叫幸福，甚至都不知道什么叫痛苦。"向内求"或许可以找到幸福的路径，或许可以知道痛苦的根源。这本书，非常值得每过几年就翻一翻，尽量多翻一翻，一定有用。

吕兴平（汇洁股份董事长兼总经理）

对企业而言，跑通组织链路和实现业绩目标一样重要，甚至更重要。工作的过程也是最好的培养人才和磨炼团队的过程。对员工而言，学会工作和学习的方法，跟取得工作结果一样重要，甚至更重要。工作、学习一体化，既是个人高效的学习方式，也是企业高效的人才培养方式，是企业与员工之间的相互成就。从关注结果，到关注过程，再到关注人，企业也需要"向内求"，夯实由内而外的能力，支撑长期的可持续发展。

聂腾云（韵达货运董事长）

改革开放以来，大量企业在市场机会和资源驱动下实现了粗放式的快速发展，现在，摆在企业家面前的难题是如何重构内在的竞争力。书玲博士的这本书，无疑给企业家朋友指明了方向，提供了修身治企的方案。

田立余（江苏益客食品集团董事长）

作者用赤诚的心、简约的笔触，从认识论和方法论出发，让我们真切地体悟到了向内求、心外无物、转凡成圣的境界与功夫。感恩和赞叹作者的发心和发愿，愿更多有缘人由此而踏上"反求诸己，内圣外王"的旅途。

吴念博（苏州固锝电子股份有限公司董事，终身名誉董事长）

"认识自己"，既是一个哲学命题，也是一个实践命题。本书从人体生命与外部世界发生往来的客观规律和生命意义追求的角度出发，尝试分析其内在逻辑并提出切实可行的方法。

《向内求：认识自己的成长法则》是一部诚意之作，主要面向进入职场后的读者，尤其是组织情境中的领导者和中高层管理人员，试图降低成年人进入社会后的再学习成本，实现最高效的成长和学习。本书提出，"认识自己，成为更好的自己"，最终实现由内而外的成长，是最高效的学习方式，也是中国传统文化的精髓之一——"反求诸己，内圣外王"的真正意义所在。

吴晓波（知名财经作家、自媒体人）

VUCA 时代[⊖]，自身强大才能走得长远。没有谁能够陪伴我们一生，除了我们自己。于生活，于工作，皆是。

各种经典的职场修身、管理理论很多，本书的作者试图通过提取中国传统文化的精髓来应对时代情境下的挑战，是一个有意思的解题思路。因此，作者给出的一些解决方法让

⊖ VUCA 是 Volatility、Uncertainty、Complexity、Ambiguity 四个英文单词首字母的缩写，VUCA 时代形容当下所处的是一个不稳定、不确定、复杂、模糊的时代。

人感觉更有相关性和实操性。

正如作者所提出的那样，"认识自己，成为更好的自己"，最终实现由内而外的成长，希望大家都有启发、有收获。

须聪（金拱门（中国）有限公司前首席市场官）

VUCA时代，环境瞬息万变，知识日新月异。有效学习也要从"学而知之"升级为"困而知之"。如果缺乏自我觉察和升级的能力，不能掌握有效的学习方法，知行分离会是普遍现象，例如"不知道自己不知道""好像知道却表达不清楚""擅长逻辑自洽却眼高手低""认知固化却喊着新口号走老路""表层的知行合一掩盖深层的知行分离"等。工作、学习一体化，在工作中持续贯通"理事人"的逻辑，本书为职场人士的学习成长提供了可供参考的思路与操作方法。

杨宁宁（九阳股份董事长）

生命由物质和精神构成，精神生命发挥着重要作用，并决定着终极意义上的自由。精神会因为升华而获得真正的自由，如果我们没有意识到生命这门大学问，并自觉走向生命深处，生命领域便会荒凉黯淡，甚至漆黑一团。"认识自己，成为更好的自己"是学习的本质，也是通往个人幸福、事业成就的不二法门！

杨晓平（摩根士丹利董事总经理）

在新疆出差期间，有幸阅读了李书玲博士的新作《向内求：认识自己的成长法则》。也许是被新疆辽阔的地域、无际的草原、有待开发的资源、可以大干一场的事业所激发，读起书中所描述的人格状态和精神追求，画面更加立体。

认识世界，认识自己，借事炼心，层层深入，内外贯通，我从中读出了"在状态，有所觉，深入行"的美好境界。

谨将此书推荐给习惯了快节奏的现代人！

杨照乾（陕煤集团党委书记、董事长）

外面的世界很精彩！当下的工作、生活节奏越来越快，我们极易被惯性牵引而难以减速，似乎"慢"本身就是效率的敌人。在追求发展和进步这样绝对正确的目标面前，不遗余力、全力奔跑似乎是唯一选择，也是生活常态。

我们能不能摆脱外界的约束，自主健康地生活？除了不断提高效能，还有没有其他路径和方法能帮我们积蓄能量，减少身心损耗，应对更高强度的挑战，甚至借助工作、生活一体化的过程去完成生命层次的升华？更为重要的是，一直向外的视角并不是一个全息视角，明显会有重心偏移甚至跌倒的风险。向内求，寻求身心一体的力量并不是一纸空谈，作者给出了非常具体的操作方法和路径，只待我们加以实践。

詹慧川（红星美凯龙控股集团有限公司前总裁）

这是一本讨论如何修养身心、提升个体与外界交互能力的书。作者对"心灵"和"自我"有着很高层次的理解，因而也能洞悉人与世界的相互关系和作用规律。作为一名在高校工作二十多年的教师，我很愿意向当前的大学生们推荐这本书，因为他们带着对未知的茫然从校园的金字塔内观察着社会，急需智慧的引导。当前，我们的教育体制正面临改革，国家对人才的渴求无比强烈，而现实的功利思想却催生了许多精致的利己主义者。何谓"人才"是当今中国社会和科教界须深刻思考的问题。

庄林（武汉大学化学与分子科学学院院长、教授）

推荐序

　　李书玲本科、硕士与博士均毕业于北京大学光华管理学院，接受过管理学研究方法的系统训练，具备非常扎实的理论基础和研究功底。毕业之后，书玲博士以管理咨询工作为途径，长期近距离观察、跟踪并服务成长中的中国企业，不断探究和总结中国企业可持续发展的内在规律，已相继正式出版了一系列专业著作，如《寻找规律》《组织设计》《组织成长论》《动力管理》和《心智成长》等，在实业界与学术界均产生了深刻影响。

　　众所周知，随着外部环境的快速变化，中国企业普遍面临着企业家难以突破自我的局限和管理团队成长缓慢的挑战。这也正是书玲博士近年来一直关注的研究领域。在对理论模型与工具方法的大量实践和规律总结之后，书玲博士回归到问题解决方案的基础——"人"本身，极具前瞻性地指出了"各行各业本质上都是在做教育"。

科学管理研究方法训练所形成的理性视角与对大量生动鲜活的案例样本的长期跟踪服务相结合，形成了书玲博士在管理咨询实践中从事研究工作的基础。与此同时，书玲博士作为咨询机构的领导者和企业高管教练，融合自己的专业学习经历和心智成长实践，以当事人的身份深度解码真实体验，细致入微地探究了"人的成长"这一命题。这既是本书内容的基础之一，也是书玲博士从叙事角度对研究方法的新探索。

本书是书玲博士对我国"企业家封顶"和"中高层管理团队成长"难题的全面系统思考和应对方法总结，同时也为领导力和人才培养的研究领域提供了一个全新的研究视角——从个体生命运转与意义追求的角度出发，吸纳中国传统文化精髓，诠释了"反求诸己，内圣外王"的哲学思想，并基于个人学习成长的经验，提出了高效学习和心智成长的实操性方法。尤其应该指出的是，能够把中国传统文化的思想精髓与现代企业管理的具体实践深度融合并探究其普遍价值，是本书一个鲜明的亮点。

我们在通读本书后一个共同的体会是，书中所阐述的学习成长理念具有极强的现实意义。组织内外环境的剧烈变化不仅要求我们避免各种错误认知与行为的增加和泛滥，更要求我们竭力增强人和组织的适应性。如果企业领导者在做出错误决策之后没有内省和反思的意识，听不得批评意见，而是习惯性地解释或掩盖自己的错误，无疑将在更大程度上放大组织的风险，甚至断送企业的希望与前途。相反，只有组织的领导者和管理者们勇于并善于利用变化所产生的新信息来丰富和提高自己，才能带领组织踏上新的发展征程。我们相信，无论是对职场中个人的成长还是对企业的人才培养，本书所研讨的观念和方法都具有极强的理论启示价值和现实借鉴意义。

梁钧平，张一弛

北京大学光华管理学院组织与战略管理系教授

前言

反求诸己，内圣外王

　　作为人类的个体生命，我们每个人"与外面世界交互"和"与自己相处"，构成了我们各自生活的全部。我们也正是在这样的过程中，定义着自己与世界的关系。当生命终结的时候，一个人无论是成为仿似过客的一粒尘埃，还是灿烂星河中一个始终被铭记、常常被提起的标记，最终，他都会完成此生的使命，都曾作为人类文明进步、集体学习和探索过程中一个鲜活的人格样本而存在过。也许，这就是生命的意义。

　　冯友兰先生曾经说过："人生所以是没有意义者，因为它本身即是目的，并不是手段，人生的本身，不一定是不值得生的。"与死亡相比，我们似乎对于生的过程拥有更多的自主权，尤其是作为一个成年人。事实上，"做自己生活的主人"

却并不像想象中那么容易，这取决于我们"认识世界""认识自己"以及"定义我们与世界之间的关系"的能力。

如果我们一味地只想认识世界而忘了认识自己，多半会在外在风尚和社会流行的价值标准的框架里拼尽全力而随波逐流，在日新月异的动荡而丰富的世界里丢掉了自己。越努力却似乎越身不由己，越追求却越不清楚自己究竟在追求什么，即便拥有，也往往会追问自己凭什么。当然，对更多能力跟不上欲求的人而言，焦虑、疲于奔命和沉重感则会是常态。

如果我们只想认识和做自己，于是有意无意地保持着与世界的距离，就会看似简单却没有力量，看似干净却经不起任何风雨。游离在生活之外，未经世界的浸染和洗涤，就像一朵花从未盛开过，也就失去了生的意义，更谈不上真正认识自己。

人与人不同，世界以不同的样子存在于每个人的心目当中。换句话讲，世界是每个人内在的定义与呈现。如果说"认识世界"是"我"的功能的应用与外化，那么"认识自己"就相当于"我"的能力的开发与内化。从这个意义上讲，"认识世界"是"认识自己"的方式，"认识自己"是"认识世界"的基础和前提，对自己认识和开发的深度决定着我们能够抵达世界真相的程度。两者是时时并存的、一体化的过程，这个过程始终是持续的、动态的，直到物质生命的尽头和精神生命的源头。

我是谁？我为什么存在？我为什么是现在的样子？

生命由物质部分（肉体）和精神部分（丰富的内在人格）构成。现代医学和生物学对肉体已经做了大量卓有成效的研究，开发了越来越精准的检测仪器和治疗技术，但依然存在很多未解的难题。与物质生命相比，一个人的精神生命是主观的、灵动的，而且更难以测量。与此同时，精神生命的源头、生长逻辑、方向和归宿似乎并没有像物质生命那样存在相对普遍的规律和确定的结论。更进一步讲，物质生命是精神生命的载体，"我"不可能脱离"我的肉体"而完成"我的生活"。精神生命是"做主"的存在，睁开眼睛后一切的行为都是"我"的选择和反应。能不能真正"做主"取决于"我的状态"，也就是说，我的选择和反应是"基于本能的、条件反射的非觉察状态"还是"超越本能的觉察状态"，进而是"自主的自然应对状态"，都是一个人智慧水平的真正呈现。人与人之间最为本质的差异源自精神生命的不同，而"认识自己"这个命题，正是对精神生命真实存在状态的认识和持续升级方法的探索与实践。

具体而言，以每个人当下的自己为原点，体会"我是怎么做主的"（我是怎么发挥作用的），逐渐完成对自己更为客观、准确的认识，并通过坚持练习"提高我的做主能力"来实现自己精神生命的改变和升华，在变化中认识不断升华的自己，从而有机会持续探索和靠近精神生命的源头。构建"认识世界"和"认识自己"之间的桥梁，在工作、生活中将"我的应用"和"我的开发"融为一体，通过自身生命的升华来支撑我们对外在世界的认识和责任承担，既是符合生命运转规律和存在意义的高效学习方式，也是中国传统文化中"内圣外王"的逻辑。

然而，知晓道理是为了让我们有信心去实践，只有实践才能带来真正的改变。圣人是通过二六时中、日复一日地"格物、致知、诚意、正心"来完成修身的。一个人的内在（心灵层次）达到了圣人的水平，他面对外部世界的一切反应都会符合圣人的标准，这种状态能够"遍一切处、遍一切时"[⊖]地贯穿在生命的所有呈现之中。哪怕在外部的不确定遭遇中有所波动，也始终不改其由内而外的、贯通的、真实的、自如的状态。来自生命源头的动力借由个体的生命过程，呈现出自然的、鲜活的、流水不腐的、生生不息的生命力。

反过来讲，穿上圣人的外衣，化装成圣人的模样，模仿圣人的言行，也许可以与圣人显得很相像，被能力不如自己的人视为楷模，甚至连自己也信以为真，但终究不过是不同

⊖ 遍一切处、遍一切时：所有的地方、所有的时刻，无时无处不在。

程度的、习惯了"东施效颦"的伪君子而已。当然，这里的"圣人"存在相对层次的差异，并且可以作为一个泛称，泛指所有我们渴望成为的、被普遍认可的各个领域的标兵和榜样。所以，内圣外王的前提和原点是"反求诸己"，简单地讲就是"向内求"。一个人如果没有认识和开发自己的能力，那么他对于世界的认识就受制于有限的自我本身。一个人如果不能借助生活中所有的经历完成对自我的觉察、超越和升级，那么，再深的苦难都有可能变成强化某种心灵模式的藩篱。

"认识你自己"是刻在希腊特尔斐神庙中的箴言，也是苏格拉底作为自己哲学原则的宣言。苏格拉底认为人的心灵内部已经包含了一些与世界的本原相符合的原则，他主张首先在心灵中寻找这些内在的原则，然后再依照这些原则规定外部的世界。许多人都在努力认识这个世界，希望影响、改变甚至征服这个世界，至少能够通过努力让这个世界变得更加美好一点。然而，认识和开发自己的程度决定着我们能够抵达世界真相的距离。认识自己并不像想象中那么容易，我们每天都跟自己在一起，却很少有人能够真正认识、善待和有效利用自己这个独特的、具象的、鲜活的生命，能够"穷理尽性以至于命"地探知到生命的意义。

"反求诸己，内圣外王"如何能够落实成为一个人日常生活的实践并成为可以被不断靠近的方向？这正是本书试图回答的命题。本书也是我的实践经验的总结与分享。本书由五章构成，第一章介绍了我们认识世界的方式和特点，第二章介绍了我们对自己的认识与障碍，第三章定义了我们与世界的关系，第四章介绍了常规学习方式与高效学习方式的差异，第五章则包含了每日功课，工作、学习一体化以及借事炼心的具体操作方法。前面三章侧重于认知，帮助我们对物质生命与精神生命的构成及发展趋势建立认识；后面两章侧重于方法介绍，希望读者能够通过具体的操作方法走上"反求诸己，内圣外王"的学习成长之路。

在我此书成稿的 2022 年春天，当时距离 2020 年初新冠疫情暴发已经过去两年多，病毒并没有离开，疫情防控是常态。当时，国家之间、地区之间的往来仍然处于不同程度的受阻或者停滞状态，分居在异地的亲人和朋友们，见面和相聚变得没那么容易。针对疫情防控需要而采取的措施随时有可能切断一个人与他人之间的物理空间的联系，物质条件的满足也会遭遇前所未有的限制。此时，焦虑的情绪很容易通过互联网传递和强化。习惯了快节奏和注意力向外的现代人，在强大的惯性瞬间被打破的时候，往往就会面临强烈的不适感。能量向外释放的动力受到强阻力的时候，会反向激荡起内心的慌乱感，甚至会演变成无力的忧郁感或者幻灭的虚无感。

当不可抗力发生的时候，除了理性面对事情本身和有可能因为经验不足而遭受的损失以外，内心的安放是更为重要的功课，它决定着我们能否避免情绪的内耗，能否尽量理性地适应甚至有能力将低谷的经历转化成内心承受力，乃至更深层的洞察与从容。认识自己，接受和悦纳真实的自己，并在此基础上借由一切经历成为更好的自己，变得前所未有的重要，也是现代人在面对层出不穷的精神困境时最有效且根本的解决道路。

生活的前提是成为自己，认识自己是认识世界的前提。生活的方向是成为更好的自己。只有成为更好的自己，才可能拥有影响和改变世界的能力。"认识自己，成为更好的自己"的方法和方向正是中国传统文化的精髓"反求诸己，内圣外王"。每一朵花都应该盛开，都值得绽放，希望越来越多的成年人，都能够成为心智成熟的人。人类社会终将因为大量个体的百花齐放而持续进步，星光璀璨。

李书玲

2022 年 11 月

目录

第一章

认识世界

认识世界的方式及表达

认知方式：眼耳鼻舌身意心

一个人的生命包含了物质部分和精神部分。物质部分主要是指我们的肉体，它经过了数百万年的进化；精神部分则主要是指每个人那个独一无二的"我"，也可以称之为主体。与此同时，介于物质和精神之间，还有一个能量体的存在，能量和物质之间存在转化关系，与精神之间也存在对应关系。一个人的能量场的状态是由其肉体和精神的状态共同决定的。睁开眼睛后的所有行为都是"我"的选择，无论是有意识的、主动的选择，还是无意识的本能反应。"我"在人体中的存在可被称为意识或者神识[一]。对一般人而言，在与外部世界互动

[一] 神识：佛学术语，指意识或超级意识。

的过程中，肉体的器官和部位拥有各自的基本功能，但功能并不一定等于"用的能力"。一个人能力的呈现是物质生命和精神生命共同作用的结果。

眼（眼睛）、耳（耳朵）、鼻（鼻子）、舌（舌头）、身（主要指能够与外界发生触碰的外部身体）、意（大脑）、心（从觉的功能而言，主要对应着中丹田，神识在身体里待的位置，也是情绪升起的地方）是一个普通人生来就会有的器官和身体部位。它们依次对应着"看、听、闻、尝、触、思、感"的功能，发挥着分辨"色、声、香、味、触、法、觉"的作用。

功能是作用产生的前提，作用是功能发挥带来的能力结果。顾名思义，"色"是指通过眼睛可以看到的颜色，"声"是指耳朵能够听到的声音，"香"是指鼻子闻到的气味，"味"指舌头感受到的味道，"触"是通过身体触碰可以获得的感知，"法"是大脑思维和意识所能获得的逻辑、客观规律与规则等，"觉"主要是指心的感通。

"眼耳鼻舌身"的能力发挥既需要具备客观的器官功能，也需要精神的注入，这种精神的注入也可被称为"注意力的参与"。因为有了"精神的注入"，才有了"视觉、听觉、嗅觉、味觉和触觉"的能力呈现。比如，眼睛是我们身体的一个器官，因为有了"注意力的参与"，才会有眼神或者视觉的能力。否则（比如脑子里想着别的事情，或者心里想着某个人，或者在仔细听一段乐曲，品着嘴里的食物），看似我们的眼睛和视线盯着一个地方，却因为"眼里无神"而对所看之物"视若无睹"。

此外，无论是"看、听、闻、尝、触、思、感"当中的哪一样，发挥作用的主体都是"我"。两个人看同一幅画或者听同一段乐曲，因为各自的"我"不同，对信息的接收与感受很可能出现明显差异。因此，"精神的注入"意味着"我"的聚显和参与，对应着一个人精神层面的存在，这个存在也可以称为"神识"或者"意识"。我们在面对外部世界的时候，心里通常会有反应，可以理解为心的觉察或者感通能力，此时就是神识在发挥作用。当我们经过了后天教育，我们对外部世界的判断和选择就主要依靠大脑来完成了，这个时候发挥作用的就主要是意识了。神识和意识虽然是不同的存在，但两者之间是可以打通的，也就是所谓的"心脑相通""以心用脑"。以神识或者意识为主导，以"眼耳鼻舌身"为门，完成与外部世界的互动，就是我们认识世界的基本方式。

对普通人而言，决定"注意力的参与"的主要是脑和心。尤其是接受过教育的现代人，主要基于大脑来做判断、选择和决策，因此对现代人来说，决定注意力分配的那个"我"，也就是"神识"，主要待在大脑，体现为"意识"。与此同时，无论是否受过训练和教育，通常心里的感受都是有的，情绪都是有的，只是程度不同而已。因此，心对于"注意力放在哪里"也有决定作用。两者的作用力取决于不同个体之间用脑和用心的习惯和强度的差异。

与此同时，"注意力的参与"还取决于外部刺激的强度和个体对于外部存在的在意程度。比如，一个人的注意力正待在大脑里想事情，并没有听到屋子里其他人之间的交谈，这个时候忽然有个人的声音很大，正在想事情的人的注意力一下子就会从大脑被调动到耳朵，听到了这个人的声音。再比如，一群人在一起，你很在意其中的一个，此时你的注意力就像是被一个焦点所牵引，你心里总是想着他，眼神也会时不时地关注他，耳朵也会更留神这个人的声音。这个时候，无论你的神识是待在心里，还是聚到脑袋里去思考，还是去看、去听，都因为对象的聚焦而实现了功能之间高度的配合与统一。而且，其他人的存在以及环境里的其他信息也会因为你的注意力的聚焦而被模糊掉。

概括来讲，一个生命体发育成熟后，其体内的生命活动基本上都是自主进行的，而整个生命体作为一个整体，其学习、生存活动，以及与外界的互动，则是在意识或神识的主导下，通过大脑与神经支配眼耳鼻舌身来实现的。更进一步讲，眼耳鼻舌身意心是我们认识世界的基本方式，相应地，"看、听、闻、尝、触、思、感"是一个常规的生命体所具备的基本功能。基本功能不等于"用的能力"，"用的能力"取决于精神的注入。精神的注入意味着"我"的聚显与参与，本质上反映了一个人神识的状态与差异。对普通人而言，神识要么聚在大脑，变成以意识为主导；要么待在心里，决定着注意力的参与方向和强度。

认知方式的功能层次与作用特征

我们可以把人体的功能大致分为三类：眼耳鼻舌身的基本功能、意识的思维功能和心识的觉察功能，三类功能的作用特征和层次存在差异。

就眼耳鼻舌身的基本功能而言，一方面作用的发挥需要"精神的注入"（意识或神识的参与），另一方面存在作用空间范围的限制。一旦超出特定距离，这些功能就无法再发挥作用。如前文所述，"精神的注入"主要受到大脑或者心灵的指挥，从这个意义上讲，相比"眼耳鼻舌身"而言，大脑和心灵是更为底层的存在和指挥后台。

更进一步讲，心灵比大脑的层次更深，仔细观察就会发现，大脑的训练更多来源于后天的认知、教育与经历，而一个人心灵所呈现出的特质与模式，更为潜在和先验，对一个人的影响也更为持久和根本。一个人的神识可能会经常聚在大脑去发挥作用，体现为意识的主导作用，但神识在人体的根在心里。与此同时，相比大脑对外部信息的获取和处理，心灵对信息的获取更为全息，能够超越大脑的思辨、分析和建构而产生更为本源的直觉和洞察力。大脑受到有限知识、专业、经验等的影响而存在认知边界，容易产生分别，并且可能会因为思虑过重而影响信息获取的效率。如果能够心脑贯通、以"心"用脑，则可以最大限度地提升大脑的使用率和使用效率，并且因为重心没有固定在大脑上，进而不会导致思虑过重的问题。换句话讲，大脑功能的充分发挥，除了思维能力本身的训练之外，"心脑贯通、以心用脑"的程度是更为根本的决定因素。

一个人与外部世界的互动主要体现为来回循环的过程，一方面通过信息获取认识世界，另一方面通过解读、表达或者参与的方式完成世间的存在和生活。无论我们是否有意识地观察过或者加以训练，三类功能之间的相互作用和影响都是客观存在的，参见图 1-1 中箭头。眼耳鼻舌身的基本功能随着孩子的成长而逐渐得以发展，三岁之前处于基本功能的自然发展阶段。对于绝大多数人而言，三岁之后开始接受正式的教育，也就开始了以大脑为主的学习开发过程，从而形成了以大脑为主认识世界的生存方式。其他功能的开发要么作为辅助，要么是任其自然发展的状态。当然，从事音乐、绘画、表演等艺术工作或者体育工作的人，会有更多时间用于"眼耳鼻舌身"基本功能应用的训练与开发。

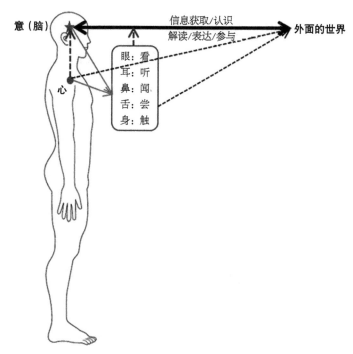

图 1-1　三类功能相互作用和影响

即使我们主要通过大脑与外部世界互动，"眼耳鼻舌身"和"心"对于世界的感知也是同时客观存在的。它们的功能的发挥会不同程度地影响大脑意识的作用。一方面，"眼耳鼻舌身"和"心"是大脑获取外部信息的途径；另一方面，大脑对信息处理的过程也会受到它们的能力的影响。由于"眼耳鼻舌身"的基本功能存在空间范围的限制，而"心"里所包含的特质和信息更为丰富，如果未经有意识的觉察和训练，不仅不利于大脑能力的开发与发挥，反而会产生干扰。

"眼耳鼻舌身"的基本功能属于直接体验式的反应方式。如果我们在基本功能上做长时间大量反复的训练（比如品茶、品酒、画画、听音乐等），会带来技法上的熟能生巧。实际上，看似枯燥的简单重复本身也是摒除意识干扰的专注训练。心在某个基本功能上的集中注入，能够产生"感而遂通"的深度体验。心的觉察能力变得精微，分辨率变高，颗粒度变小，无论是作品还是其他形式的呈现，都能够在生命之间产生深度的共鸣感，于是也就有了所谓的艺术和美学。从某种意义上讲，所谓美的呈现和体验，相当于一个人的心以基本功能为通道对生命内外部存在的"感而通达"。

大脑有记忆、总结分析、提炼规律的能力，这也是人类文明得以产生和延续的基础。然而，大脑对于经验和规律的记忆也会造成对实际体验的干扰。每个人的基本功能本身会存在不同程度的细微差异（比如视力和听力的差异），天赋也不同。所谓手感是我们与外物直接接触和直接体验的一手经验，是人体与外物"融为一体"所能获得的感知体验。逻辑、规则、规律并不能替代每个人实际的手感。如果没有大量亲身的体验和训练，或者在实际的体验过程中，每一个动作随时受到大脑默认规则的判断和指挥，就相当于思维挡在人体基本功能与外物之间，能力的训练就无法真正实现。就像一个人反复看了所有舞蹈家的视频，脑子当中熟记了各种动作技巧，如果自己不动起来也不可能学会跳舞，如果没有至少上万小时的练习也不可能成为一个专业的舞者。

对"眼耳鼻舌身"基本功能的开发，大脑发挥作用的前提是：大脑的总结分析在直接体验之后。有了直接体验的经验之后，再经过大脑的总结与提炼，就可以"知其然并且知其所以然"，不仅做到了，而且清晰地知道"怎么做到的"，这对于自身能力的持续提升、与他人之间的经验分享和有效借鉴，以及规律、经验的传承，都是必要的基础。

总体而言，我们对世界认识到什么程度，能够解读、表达和参与到什么程度，取决于自身三类功能的开发。三类功能的发挥存在层次差异，大脑和心灵是"眼耳鼻舌身"基本功能的后台，心灵是大脑的后台。三类功能之间相互影响，而后台起着更为根本的决定作用。生命有限，每个人能力的开发都需要时间投入。一个人在与外部世界互动的过程中，如果能够在完成工作、处理事情的同时，认识自己能力组合的特点，完成对自身能力的针对性开发，将会事半功倍、效率最大化。

认知方式的发展趋势

随着年龄的增长，到了二十五岁左右（不同的人存在前后几年的差异），一个人的物质生命在发育充分后便会进入拐点，开始逐渐走向衰竭，与之相关的基本功能也会逐渐弱化。比如，视力变模糊，听力下降，等等。身体功能的渐渐衰竭是自然规律。

大脑同样存在与年龄相关的退化问题。只是脑退化通常会比其他体内器官和组织功能的衰退来得更晚。一般人通常是到了四十岁之后开始出现容易忘事的脑退化的初步迹象。与此同时，大脑因为工作生活中受到长期高强度的使用训练，在一个人到达壮年的时候，分析能力、判断力和理解力反而得到大幅增强，大脑的开发更趋向成熟和完善，这是与器官本身衰退相反的使用能力特征。但随着年龄的进一步增加，尤其是当一个人退休之后，因为大脑使用频率的显著降低，脑退化的速度通常就会加快，之前所具备的能力也就逐渐弱化了。

功能的弱化与用的能力并不同步，因为"用的能力"取决于精神的注入，也就是用心的能力。"眼耳鼻舌身"功能的发挥存在空间边界，大脑思维能力的发挥存在各自当下认知所限定的边界。边界意味着干扰和障碍，影响我们对真实世界的认识。对用心能力的训练则可以突破这样的边界，甚至可以弥补基本功能和大脑的衰退所带来的影响。

一方面，功能的弱化和衰竭并不影响"用心"所带来的品鉴力。比如奥运冠军到了一定年龄会因为肢体灵活度和力量感的问题而选择退役，但他们的手感、体感、场感和敏锐的鉴赏力都还在。于是，他们可以转型做教练，能够超越身材、技法、个性特点、语言表达等因素的局限，选出有潜力的选手并提供指导，培养出新一代的冠军选手。

另一方面，心灵抵达一项技艺的深处后可以弥补甚至超越功能衰竭所带来的障碍。比如，对于一名音乐家，听力似乎是必需的基础。然而，音乐家贝多芬在二十多岁时就患了耳疾，但他在听力严重下降之后反而进入了创作的成熟期，大量杰出的作品都诞生在这个时期。贝多芬 50 岁左右时完全丧失听力，之后依然创作出了闻名于世的《第九交响曲》。对书法家和画家而言，视力通常是必备的。然而，以画梅著称的扬州八怪代表人物之一汪士慎，54 岁时左眼病盲，仍然能够画梅，甚至比未盲时画得更好（被阮元称赞"工妙胜于未瞽时"）。67 岁时，他双眼失明，依然能够挥写狂草大字。扬州八怪之一的金农称他"盲于目，不盲于心"。这就好比一台芯片性能极好的半导体，虽然传感器坏了，但因为内核强大，还是有可能发挥出能力。实际上，对各行各业借助于某项工作或者技艺达到巅峰水平的人而言，他们的心灵几乎都到了通达的境界。这个时候，如果基本功能有所缺陷，反而可能进一步激发精神的挺立，带来更深的通达，创作出更为杰出的作品。

进一步讲，基于一个功能的用心能力的训练不仅可以突破功能本身的边界，还可以促进其他功能之间的贯通。换句话讲，通向极致的审美往往是相通的。比如，普通人喝老茶，因为分辨能力有限，通常只能有"不苦涩、有回甘"之类的简单味觉体感。资深的茶客却一下子能够感受到杯底的花香、蜜香或者果香，茶汤的厚味和纯度，水的酸碱度以及与茶的交融感，甚至可以大体分辨出茶叶的产地和存储环境。仿佛时空都被收藏到了一泡老茶里，遇水即活的那一刻，尘封的记忆便被开启，一重重鲜活地呈现。同样，一个懂茶的人去品酒，大体也是不会差的，很可能迅速就可以领略其中的美好。再进一步，一个审美能力比较强的人，跟人相处的时候，对人的感觉也往往容易直击心灵。一个人的心灵距离本质越近，功能之间贯通的可能性和能力就会越强。

时间的推移会带来一个人身体的衰竭和功能弱化，直到走向死亡，这是自然规律，也是以肉体为主导的物质生命存在的主要特征。但"精神不朽"，一个人的精神生命却可以不因时间的拐点和限制而持续升华和延续。现代死亡的界定标准是脑组织死亡和心脏停止跳动，意味着一个人跟世界不会再发生交互和反应。精神的注入停止，肉体的腐化和衰败就会开始和加速。"精神的注入"意味着神识发挥作用，用脑和用心的能力正是人作为自然界最高级的生灵而区别于其他生物的关键所在，实际上就是"神识的开化程度"的差异。

从这个角度出发，"精神的注入能够延缓肉体衰败"的现象也就不难理解。越是位高权重、工作强度大的人，一旦退休，身心越可能会加速衰败。虽然已经进入老年却一直坚守在工作岗位上的人，看似工作劳累，身心却像是一直通着电一样处于被激活的状态，并不显得苍老和衰败。自己所擅长的工作或者技能相当于自己跟外部世界和生命本源之间连通的一个途径。只要努力工作、保持接通的状态，精神的注入就不会停止，哪怕过程中出现间断或是减弱，肉体的物质生命也会延缓衰败的进程。所以，对于许多人而言，到了一定年龄，关键不是人为工作贡献了什么，而是工作为人带来了什么；是自己需要工作，而不是工作需要自己。

表达方式：肢体、语言、艺术

一个人在世间的生存和生活主要通过两个过程来实现。这两个过程，其一是采集和获取信号、信息以获得对世界的认识的过程；其二是解读、表达和参与世界创造的过程。无论是认识世界，还是解读、表达和参与世界创造，载体都是我们各自的身心。我们通过各种方式所探测和感知到的各类信息，传到大脑的相应区域后会进一步被加工组合成高级的概念。

人们对外部世界的反应和表达的方式是多样的，包括以下三种：

- 肢体行为表达：比如代表相关含义的礼仪行为、仪式、行为反应等。

- 语言文字表达：比如各种形式的演讲、各种题材的文学作品等。
- 艺术创作表达：比如书法、绘画、音乐、表演等。

首先，人与人之间在表达方式上存在差异，通常一个人不会擅长所有的方式，而每一种方式的练习和熟能生巧都需要时间的投入。比如有的人擅长演讲，有的人擅长写作，有的人擅长表演，有的人则擅长绘画。其次，拥有同样表达方式的人之间，主要差异是表达内容的呈现。技法就像是一个途径，里面承载的内容则是"我"（表达者）的假设、判断、认知与感知，存在层次和水平的差异。

《如何安心如何空》一书中写道："人类对自然的认识，大约可分为两大类，一类是简单的信息探测与反应，另一类则是对所收集信息的思维加工与整合，由此产生更高一级的知识。知痛痒、知香臭属于第一类认知，语言、文字以及在此基础上构建的一切人类文明则属于第二类知识。第一类认知是所有生命体都具有的能力，相比之下，人类由于在第二类认知能力上的强化训练，对第一类认知能力产生了一定程度的抑制作用。"

由于人们通常会在三岁开始接受教育，而主流的教育体系侧重于对大脑的开发和训练，于是对于绝大多数人而言，基于基本概念常识（家庭、社会文化及基础教育的影响）和专业概念知识的语言（说）和文字（写）成为其主要的表达方式。由于第二类认知能力训练上的差异以及个体天生的差异，有的人有感知力，但并不一定善于表达或者不能表达清楚，比如有的人在表达的过程中会存在逻辑不清、词穷或者"说着说着自己也不知道想说什么"之类的情况。同时，也有人存在"扭曲解读"的情况，因为文字游戏或者逻辑自洽而对复杂的事情做简单化的解读或者故事化的演绎，从而会有超越实际的感知体验。比如，管理咨询师进入一个企业调研时，基于概念和道理以为看清楚了企业问题的本质，实际上却对企业真实发生的冲突和变化浑然不觉，第一类认知能力反而超乎寻常地迟钝，这就是所谓"第二类认知对第一类认知能力产生的抑制作用"。

人们对于世界的表达方式是多样的，表达方式对于不同的人而言，存在着不同程度的天赋差异。比如，有的小孩有唱歌的天赋，有的小孩从小就擅长和喜欢做手工。一个人有怎样的天赋，判断的依据通常有两个，即兴趣和擅长，两者相辅相成。喜欢、有兴趣（尤其是能够坚持的兴趣），加上明显高于平均水平的擅长，是天赋的初步体现。再加上时间上的持续投入，天赋便会越来越显著。

任何一种表达方式都可以呈现我们对于世界的认识，表达技法上的熟练又需要时间投入，真正的差别不是技法本身，而是技法所承载的内容。理论上讲，人们不需要掌握所有的表达方式，不应该把大量的时间花在表达方式的选择以及多种表达方式的训练上，应该尽快选择一种适合自己的方式，把更多的时间花在改变感知内容的探测深度上。最适合自己的就是符合自己天赋和顺应自己天性的方式。人生是一场存在终点的长跑，跑得越远、越持久，越能体验到更为丰富和纵深的风景，关键是持续地跑起来，而不是在起点处不停地更换跑道，或者选择一条看着光鲜、热闹却并不一定适合自己的跑道。

面对同样的外部世界，用同样擅长程度的表达方式，不同的人会呈现出不同层次和深度的表达内容，这体现了一个人感知和认识世界的能力的差异。我们感知到的到底是真实的世界，还是被我们大脑既有认知和心灵偏好所加工过的世界？这中间存在着无比丰富的差异。每个人的加工能力不同，有的人的大脑概念容量比较大，思维和结构化能力比较强，有的人心灵的感知力更为敏感，分辨力更高。经由这些能力所加工出来的世界，即便脱离了真实，貌似也不影响其美感和影响力。这种"高下立见"的思维的力量和语言的美感，可能还会成为一个人能力的证明和被称赞的光环，演变成一种知识文化界的高级文字和逻辑游戏。是不是"真的在追求真理"似乎早已经在不知不觉中变成了一个模糊的背景板，跟日常的思维行为并没有实际的关系。

认识世界的过程，同时也是认识自己的过程，如果我们侧重于认识自我以外的世界，在对认知载体的现状和障碍不关注和不清楚的情况下，世界只能是"我"眼中的世界。对大脑思维的训练和心灵感知力的训练都只是把某一重"我"的能力强化而已。这种强化反过来会形成更大的屏障，由于这个屏障的范围超越了许多他人（非专家的普通人）并呈现出所谓"专家的水平"，所以它更难以被觉察和超越。

我们每个人的身心是我们认识和表达世界的途径和载体。长远来看，一个人要想认识和表达真实的世界，需要对自己的身心做持续的升华。理论上讲，我们对自己的身心开发到什么程度，决定了我们对真实世界能够认识到什么程度。当然，有些人在特定情况下也可以做到。比如，一名舞者沉浸在自然的音乐中放松地即兴表演时，虽然未经提前编排和排练，却让人仿佛看到一幅"人与天地合一，融入其中共舞"的画面，反而是最美、最动人的表达。一个人真正无私地关爱另外一个人的时候，哪怕对方正在语无伦次或是焦灼闪躲，当下的一个眼神或是一个拥抱，便会给对方无限的温暖和力量，让对方瞬间放松下来。因为两个人之间的互动不存在停顿、间隔和加工过的信息传递，没有刻意，一个人对另外一个人的读懂是"此处无声胜有声"的。

德智体美劳全面发展的意义

德智体美劳是素质教育的内容。教育是为了提升人们的素质。那么，为什么素质教育一定需要"德智体美劳"的全面发展？

首先，概括地讲，"德"主要是指一个人的人格和道德品质，是一个人世界观、价值观和人生观的呈现，本质上是一个人心灵层次的体现。"智"主要体现一个人的思维分析能力、把握规律和本质的能力等，跟大脑的开发有直接关系。"体"是身体体力和体质的增强，决定着一个人肢体的力量感、灵活度、柔韧性和承受力。"美"主要是指人们的审美观和审美能力，对音乐、美术等艺术的感知力。"劳"主要是指人们的劳动观念和劳动技能，对社会、他人和环境的参与式学习和感知。结合前文所述，"德智体美劳"实际上涵盖了对人认知世界的方式（眼耳鼻舌身意心）的全面开发。

从认知方式上讲，我们前面提到的三类人体功能——眼耳鼻舌身的基本功能、意识的思维功能和心识的觉察功能——相互作用和影响，对任何一个功能的侧重开发，都需要其他功能的配合，以免相互之间出现干扰和制衡。"德智体美劳"的定义本身也包含了重要性的排序，对应着人体三类功能的层次差异。心灵作为其他功能的后台，是一个人能力水平的最终决定因素，任何时候都应该作为教育的重心。

其次，人们认识和表达世界的方式是多样的。人人生而不同，每个人都有自己更为擅长的方式。"德智体美劳全面发展"也意味着让人们在接受教育的时候，可以不做预设地进行全面尝试，能够更早地发现自己的专长，进而从适合自己的方式入手，更有效率地开发自己和快速学习。

最后，教育领域有一句广为流传的名言："教育的本质是一棵树摇动另一棵树，一朵云推动另一朵云，一个灵魂召唤另一个灵魂。"生命由物质部分和精神部分构成，教育的关键是让人们建立对生命的客观认识，通过学习完成对自己生命意义和价值追求的思考和构建。所谓的"唤醒"就是一个人首先要精神挺立，能够面对和认识自己，然后通过学习成为更好的自己。认识自己和对自己负责，是最终取得学习和教育效果的前提。

　　从这个意义上讲，围绕着"德智体美劳"各个方面的学习内容和方式都不能偏离"认识自己"这个根本的目的。一个人如果缺乏自我意识和精神挺立，哪怕有再多的知识和资质证明，进入社会以后，依然可能是一个精神上习惯了依附而无法独立承担生活的"巨婴"。而且，如果一个人在从小到大的学习过程中，始终无法对自己建立客观的认识，一直习惯用大众公认的优秀标准或者他人的期待来衡量自己，哪怕很努力，也通过一定的外在成绩（比如年薪、职位等）证明了自己的能力，依然很可能让自己处在一种"自己无法主导自己的生活"的被动状态，精神在随波逐流中颠沛流离，经常感到疲惫、拧巴、冲突、虚无，而无法安定下来。

　　总体来讲，一个人的身心健康和生命质量取决于对自己的客观认识和有效开发（学习）。只有贯彻"德智体美劳全面发展"的素质教育，才可能让一个个幼小的灵魂早早得以苏醒。就像每一粒种子都能够在成长的过程中有意识地逐渐认识自己，选择适合自己的方式吸收养分，从而长成最好的样子，开出最美的花朵。

用脑与用心

大脑的作用特征与边界

我们的生活无时无刻不依赖于过往习得的知识，教育也试图训练大脑，使之有更强的学习和应用能力。为了更有效地提升大脑的应用能力，我们就需要对大脑的作用特征和边界有所了解。如果我们去观察，会发现用脑能力强（脑子好用）的人，在面对事情做出判断和应对时，通常会呈现出以下反应特征：对于他们熟悉的领域，他们的认识和观点往往是逻辑严谨的、有条理的、能够把握本质的、区分轻重缓急的、清晰并且结构化的，等等；而对于他们不熟悉的领域，往往也能够提出有意义的或者直通关键的、层层递进的问题，通过界定问题和有序地获取与组织信息而渐渐靠近答案。

丹尼尔·夏克特（Daniel L. Schacter）在《探寻记忆的踪迹》一书中讲到大脑的三个记忆系统：语义记忆、程序记忆和情景记忆。语义记忆是对词语、概念、规则和定律等抽象事物的记忆，包含事件和概念。比如，为了能在电脑上打出一行字，我们需要提取许久之前学会的词汇和语法，但主观上我们并不会有一种"回忆出它们"的感觉。程序记忆指关于技术、过程、或"如何做"的记忆，囊括了技能和习惯。比如，每一次发动汽车准备上路，我们都需要用到此前学会的驾驶技能，但主观上并不觉得是在进行回忆、重温驾驶知识。语义记忆和程序记忆是大脑常用的两种信息提取方式。

除此之外，情景记忆是指能够让人们"回忆"和产生"回忆感"的一种特殊记忆系统。回忆的体验必然基于特定的时空场景，并自然而然地认可自己曾亲历这些场景。心理学家恩德尔·图尔文强调，任何有关情景记忆的分析都必须考虑进行回忆的主人公（回忆主体），回忆主体与回忆内容之间紧密相连。⊖正是这个记忆系统让人们能够有意识地回想、构筑自己人生的独特经历。

基于大脑常用的几个记忆系统的特征，我们可以发现几

⊖ TULVING E. Elements of episodic memory[M].Oxford: Clarendon Press，1983.

种有趣的现象。首先，语义记忆和程序记忆之所以没有"回忆出它们的感觉"，是因为大脑在这两种情况下的信息提取速度非常快，就像是条件反射式的反应，几乎不存在任何时间的空隙。同时，这也就意味着两种记忆所形成的认知和行为反应是根深蒂固的。如果是意思清晰的简单词语，比如天空、太阳、月亮、男、女等，或者是相对简单明确的行为，比如骑自行车、打字、游泳等，一旦变成类似本能的记忆，就能够大幅提升反应效率。然而，当我们脑海中形成的语义记忆的概念涉及相对复杂的"认知观念"或者规则时，它就有可能在不知不觉中对我们的行为产生深刻而长远的影响。比如，"招人喜欢的孩子是好孩子"，一旦小孩子在潜移默化中形成了这种比较固化的认知，就有可能在今后的人生中习惯迎合别人，更倾向于从众而不是思考和表达自己的想法。

与此同时，许多概念都存在比较丰富的内涵，概念之间也会形成关联，而关联存在强度的差异，这些都会影响"同一个概念"在不同人的大脑当中形成不同的语义记忆。比如，"知行合一"是个内涵丰富的概念，有人认为它的意思是"说到就要做到"，于是对于别人"说话不算数，承诺了做不到"会很生气；有人理解"知行合一"的含义是"只有做到才会真正知道"，于是对于别人的"说到做不到"就没那么生气，甚至在别人承诺的时候就已经知道对方肯定做不到，因为"真诚的承诺和愿望"和"有能力做到"是两回事。再比如，在一些人的记忆里，家跟温暖是强关联的，而在另外一些人的记忆里，家留给他们的记忆是争吵、冷漠和相互伤害。于是，这两种人对于家的认知就会存在截然不同的差异，这也很可能会在很大程度上影响他们对于亲密关系的处理方式。

同样地，相对复杂的技术和过程一旦在人们的脑海中变成"程序记忆"，就会因为习惯难以改变而造成障碍。比如，企业里有一个涉及跨职能岗位参与的、相对复杂的业务流程，为了提升该流程运转的效率，实现上下游之间高度紧密的协同，企业梳理和明确了该项流程，清晰定义了流程各个节点的参与者及其职责、工作方法和结果要求，并且与考核奖惩制度关联以保障流程的落地实施。通过长时间的强执行之后，参与流程的人员渐渐对"什么该做，该什么时候做，用什么方式做，提交什么成果"等形成了思维定式和行为习惯，对环境的变化浑然不觉，从而导致组织僵化，失去创新的活力。因此，企业在设计标准化流程来保障效率的同时，引入持续改善的机制、配套灵活变通的规则，也变得尤为重要。

对于相对复杂的事物或者事件的发展，不同亲历者所留下的记忆通常属于"情景记忆"。比如，一家企业如何用五年的时间完成了从创始到成功上市的过程？华为这样的公司是如何取得今天的成就的？越是体量大、业务结构复杂、经历周期长的企业，有关"如何做对和如何持续做对"的经验总结和规律提炼就越不容易。哪怕是从头到尾都亲身经历的核心参与者，各自留下的记忆和感觉也是不一样的。一方面，如果在过程中不经过有意识的复盘总结、经验沉淀和逻辑统一，没能在发展过程中始终努力保持动态的共识，企业就很难保持合力和获得持续的发展。另一方面，即便能够对目标方向和总体逻辑保持动态统一，核心参与者基于各自分工和参与方式的差异，也会形成自己对于企业发展的认知和解读，不尽相同。

大脑思维的功能主要体现为一种"精细编码"的能力。实际上，在日常工作、生活当中，大脑的记忆是我们面对和消化不断展开的事件时，自然而然甚至自动生成的副产品。我们对往事的回忆，在很大程度上取决于记忆编码的能力和过程，实际上这也正是大脑训练和学习的过程。如果我们不注重"精细编码"能力的训练，记忆一旦缺乏了精细加工，就会变得支离破碎。所以学习能力提高的一个关键就是通过编码来强化记忆，通过建立概念之间的关联和规则，在概念之间形成网络并使之结构化从而强化对概念的记忆，并且便于对概念的提取。比如，当我们想将一件事或者一个知识点记得更牢时，就会用心思考它，将它与已知的事物联系起来，充分进行精细编码。实际上，结构化思维、逻辑分析等能力的训练都是在训练大脑的精细编码能力。大脑开发的关键在于编码能力的提升而不是记住更多的知识点。这也正是一个人专业能力构建的过程。在许多领域，人们往往都需要通过十年以上的广泛学习和练习，才能达到该领域的专业水平。因为只有长时间积累的、围绕一个领域的关联的知识库，才能为高度精练而有力的精细编码提供基础，在面对复杂命题的时候才能够迅速完成解构。需要强调的是，大脑精细编码的能力需要有意识地进行大量训练才有可能提升，否则，一个人看似经历了许多事、看了许多书，很可能也只是留下散点的信息痕迹和粗浅加工的结果。比如浅层的随意归因，企业里面只要业绩目标实现就简单地归因为自己的努力，一旦不理想就归因为外部环境。所以，时间和经历并不一定能够带来一个人真正的进步。

值得注意的是，关于一个复杂事物的发展规律，因为时空情景的不可再现和参与者（回忆主体）主观影响的不可复制，对于外部研究者而言，排除这些因素的研究方法和结论很容易在不同程度上陷入"逻辑自洽"的概念和理论当中，使相关研究演变为一种分析、解读和思辨的游戏。不能说没有用，但结论之于他人和社会而言，究竟是带来了启发，促进了指向真相的思考，还是得出了确定性的结论，需要格外谨慎。否则，研究与实践之间的关系就会演变成这样的情景：文章水平的差异体现为逻辑对逻辑的胜利，研究本身与真实情境之间似乎可以像两个互不相接的频道一样平行存在。

大脑的精细编码能力虽然能够成就一个人的专业实力，但同时也潜藏了"路径依赖"的风险，很可能变成一个人坚固的认知屏障。如前文所讲，大脑基于语义记忆和程序记忆的高效运转，很可能造成我们对事物的认知和判断固化在过往的认知逻辑当中。而过往的认知逻辑并不一定是对的，尤其是当环境发生快速变化时。认知逻辑（包括专业领域的原理、规则、经验等）一旦形成，就像是在大脑当中构建了一条条反应轨道，只要遇到相似的信息，就会自动纳入原有的轨道，并且运转的次数越多，轨道的反应速度越快。经验积累的过程就像是修路，一条乡间小路，经过的车辆多了，再加上坚持不断地开发和修缮，就有可能慢慢变成一条宽阔而平坦的公路。大脑在对信息进行编码的过程中会探索和建立信息之间的相关性，通过构建结构和网络而扩大储存容量，形成对事物的快速认知。与此同时，概念信息之间相关性的构建以及"公路"的形成会加快运作速度，不仅会带来"信息进入大脑后通行"的惯性，还会进一步影响和强化大脑在获取信息时的偏好。只有具有相关性的信息才会被获取，不熟悉的信息则被直接忽略掉，或者差异化的信息也被强行纳入原来的逻辑进行解读。所以，有时候人们不是不知道新事物的出现，只是习惯性地给新的事物穿上过往认知逻辑的外衣而放弃了深度思考而已。比如，当京东、淘宝等线上平台逐渐出现的时候，许多传统企业只是将其看作新增的"卖货渠道"而已，并没有真正意识到互联网及信息技术的应用将会给商业带来深刻的变革。

大脑一边在训练精细解码的能力以完成对事物的认知，持续构建自己的认知地图并一点点放大，一边也在固化以往的认知网络，包括网络上的概念节点以及相互之间的运行逻辑。因此，一个人要想提升自己用脑的能力，一方面需要通过长期的专业积累，构建自己认知世界的坐标体系（认知地图）；另一方面，需要主动有意识地扩展自己的认知逻辑。我们在遇到并解决越来越复杂问题的过程当中，要始终保持着对可能性的探索，而不仅仅是做习惯性的归因或用习惯的逻辑和方法去解决。过程中随时都要追问自己"是否存在新的影响因素""影响问题解决的因素之间有没有其他关系的可能性""有没有更好的解决办法"等问题。每一次问题的解决，不仅仅是解决问题本身，也是对过往认知地图的尽可能放大。与此同时，在真实世界的运行当中，越是复杂的问题，往往越需要跨越专业领域。因此，始终坚持"执行力是对最终结果负责的能力"的原则，不将自己局限在专业范围之内，让问题带着自己完成跨越专业的探索和学习，打通更大的认知逻辑，是一个非常有效的实践方法。

心灵的作用特征与层次

生命的精神部分是指每个人那个独一无二的"我"。"我"在人体中的作用方式主要体现为意识或者神识的存在，分别对应着用脑和用心的能力。与用脑相比，善于用心的人通常会呈现出简单开放、容易专注和接通心流的状态。积极心理学的奠基人之一米哈里·契克森米哈赖讲过"心流"的概念：心流即一个人完全沉浸在某种活动当中，无视其他事物存在的状态。一个人可以投入全部的注意力，以求实现目标；没有失序现象需要整顿，自我也没有受到任何威胁，因此不需要分心防卫。有一股洪流带领着自己的感觉，就被称为心流体验，也可以被称为精神负熵。清华大学教授赵鲲鹏在米哈里·契克森米哈赖的著作《心流》的序言当中对心流的状态也有生动的描述:"心里的念头就像一条钢铁洪流,浩浩荡荡但是又井然有序,势不可挡但是又能从心所欲,喷涌而出但是又不会四处洒落,而是汇聚成一条水龙,冲荡开一切泥石砂砾,创造、奋斗、整合,你不需要特意去控制这个过程,但一切又都在你的控制之中。"这里所描述的心流状态就是用心能力的一种真实呈现。当人们处于心流状态时,典型的特征就是"全神贯注的、主客一体的、无我的、无意识的"状态。当一个人忘我地投入到工作当中,将心注入,与工作融为一体,便有可能调动超越一切思考力量的、本能和无意识的力量,从而产生无限的创造力。

什么是"主客一体的无意识状态"?铃木大拙在《禅与日本文化》中对剑道有过几段精彩的阐述:

> 剑士的生命虽然不依赖于剑,但却与剑紧紧相连。只要剑士想用所学击败对手,他就得紧盯对手,看其如何出剑,不能放过其最细微的动作。这必然会使他的内心暂时"停止",哪怕只是瞬间。由于他的内心不再那么自如流畅,因此,他无法捕捉住对手的"疏漏"并趁机将他击倒。他不得不将注意力

集中在敌人的剑上，这种注意力的集中就是前面提到的"停止"，而每一次"停止"都会给敌人攻击自己的机会，这就是一个"疏漏"。"疏漏"的字面意思就是"放松的时段"。当一个人处于生死搏斗时，他的心会变得极其敏锐，不管何时何地，哪怕是稍微的放松都会招来对方致命的一击。

"心理的停止"有更深层的原因。只要剑士的心中对死亡有丝毫的恐惧，或是对生命有丝毫的执着，内心即失去其"流畅"的状态。流畅即无阻，让心无碍、无滞，没有停顿，不再闭塞，就像流水一样，也如风吹一般，自然任意地引导自己而行。

当剑士的精神境界达到一定高度时，剑在其手中便如有似无，剑与人融为一体，剑获其魂，它的行为展现了剑士注入其中的精妙之神。心中空灵，没有任何恐惧感，不觉安危，无获胜欲望，这样的剑士就不会意识到自己在运剑，人与剑不过是手中之工具，成为无意识之物，而正是这种无意识产生了创造性的奇迹。

剑与人不可分，剑成为手臂的延伸，身体的一部分。进而身心同步，完美结合，不受情感和常理的干扰，甚至主客之别也消失了，无敌我之分，因此，自我就会本能地应对眼前之物。在这一过程中，没有主体刻意的反应，剑士的无意识自动应对整个局面。

按照铃木大拙的描述，心处在流畅的状态，"无碍、无滞，没有停顿，不再闭塞，就像流水一样，也如风吹一般，自然任意地引导自己而行"，就是所谓的心流状态。

各行各业凡是能够持续表现卓越的人，都是善于用心的人，一定都曾有过心流体验。当然，"全神贯注、如有神助"的体验，也可能有人几乎从未体验过。心流的接通需要练习，需要我们在一个方向上的长期投入。比如，一个人在学习一项技术的时候，从一开始的迟疑、混沌甚至抗拒到刚开始练习时的生涩、不熟练和经常溜号，再到慢慢变得熟练、身心反应变成条件反射和习惯，往往需要一个长期投入的过程。实际上，这是一种将自我意识在一个方向上聚集的能力训练。一旦这样的聚集能力养成，只要进入相应的情境，身心就会形成自动反应。手拿起工具的时候，手和工具就像是一体的，自动反应而无须思考的加入，杂念干扰也就没有机会发生。

在心流的训练过程中，有两个关键点，一是选择做什么，二是坚持做，直到正反馈点出现。"正反馈点"就是量变引起质变的某个时点，因为完成了突破而获得成就感和感受到乐趣，自我意识会在这种情况下被鼓舞和进一步激活，之后通常就不再需要刻意地坚持，成就感会自动引领行动。在"选择做什么"的环节，原则是符合自己的兴趣和长项，至少不能是"内心强烈抵触"的事情。在正反馈点出现以前需要用意志力去坚持，这个阶段杂念的干扰也更多，如果内心强烈抵触或者毫无兴趣，就会很难坚持。

如果一个人的用心能力没有经过长期训练，对自己的心理反应没有觉察和研究，心里的念头基本上会处于散乱的状态，"已经存在什么念头"和"还会形成什么念头"也处于自动切换和发展的状态，区别只是自己是否清楚而已。在从小到大的成长经历当中，我们会通过教育和学习主动在大脑中构建相关的概念、逻辑和规则等，建立对"什么是对，什么是错，什么应该，什么不应该，以及因果观，做事情和与人相处的基本原则和逻辑"等的认知。与此同时，一个人精神特质的成长和发展是无比丰富的，即便是同卵双胞胎在出生之后，其精神气质和天性也往往会存在明显的差异。在成长的过程中，每个人的心灵在与外部世界互动的过程中所构建和留下的痕迹，也远远超出了"主动"的范畴，并非完全在我们的预想和掌控之中。如果未经有意识地觉察和持续探索，心灵的成长就只能算是"顺其自然"的状态。

"通过在某个专业或领域的专注训练而进入心流状态"是比较常见的心灵开发和训练方式。心流一旦接通，就会让人产生超越大脑思维的创意和直觉，能够创造性地解决复杂问题。从这个意义上讲，心流是一个人拥有强大专业能力的基础。与此同时，心流也是一种抗杂念干扰的方便⊖，有的人甚至会将其作为一个逃避其他问题的避风港。比如，一个人在家庭生活中遇到复杂的人际冲突和矛盾时，因为痛苦而无解，反而会更加醉心于工作。因为只要在工作就能够暂时忘记烦恼，并且还能获得成就感。久而久之，家庭问题也会因为回避而持续积累和恶化，最终很可能面临关系破裂或者彼此间变得完全冷漠。

与大脑通过认知强化形成类似高速公路式的反应模式一样，心流也有类似的特征。区别在于，大脑认知轨道的形成与大脑客观功能的作用特征有关，而心流的轨道则更多是主观努力和选择的结果。心流的接通相当于从心出发构建一条

⊖　方便，泛指能够帮助自己"由内而外"真正进步的文字、语言所构建的一切说法、认知、操作方法。

"神识聚集"的通道。一个人能够在某个专业领域做到专注，并不意味着他也能够在其他领域和情境下做到专注。心流的接通很可能会使一个人对环境中其他信息不敏感甚至彻底忽略。如果他比较享受心流接通的通畅感和成就感，出现这种情况的概率就会更高。

有一位医术很高的中医朋友，对工作非常热爱和投入，在工作中治愈了许多患疑难疾病的人。她先生也很认可中医的价值，一直对她的工作很支持，很欣赏她对工作的投入，希望她能够用医术帮助更多的人。两个人的感情非常好，她先生是一位资深的铁路工程师，虽然承担着许多重大的工程项目，但依然腾出精力帮她承担了"除了看病"以外几乎所有的事情，让她能够一门心思地"只管看病"。之后她先生在一次体检中确诊为癌症晚期，当时他只有五十多岁，因为病情太过严重而几乎没有回旋的余地，不到半年就离开了。通常而言，癌症这样重大疾病的发展和恶化需要一定的时间，一个人的身体会在这个过程中发出许多变化的信号。作为一名专业的医生，通常能够比普通人更加敏锐地觉察到这样的信号。

所以，事情发生以后，这个朋友除了非常伤心以外，还不由自主地质问自己为什么对身边最亲近的人的身体变化竟然如此不敏感。我跟她讲："跟你的专业没有关系，只是因为你对他的关注不够而已。但不够关注也并不是说你不够爱他，反而正是因为你们的感情太好，形成了彼此爱的默契。你对他全然信任，在他的爱护下习惯了专注在自己的工作上，其他任何事情都不需要操心。他也是心甘情愿地做你的后盾，并且一直为你感到自豪。你爱的方式是托付和依赖，他爱的方式是承担和被你依赖。虽然让人非常难过的事情发生了，但并不是谁有过错。我们唯一需要做的是，在最艰难的经历当中完成最珍贵的成长，也许这才是生离死别的真正意义。"

心流接通会让人产生"全神贯注、如有神助"的创造力，也有可能会形成一个人更隐蔽的屏障。一个人会在无意识中忽略环境中其他的信息，也有可能主动选择回避并成为习惯。此外，还有很重要的一点是，如果一个人执着于心流所带来的成就感，这样的意念过于强烈，无意识就会被打断，心流也就中断了。这就意味着，即便一个人在某个专业领域拥有"接通心流的能力"，这样的能力也并不一定会是稳定的和持久的。

如何才能打破心流可能形成的屏障？如何才能让心流的能力更加稳定和持久？这就跟心灵的层次有关。一个人用心的能力存在层次之分，而层次则取决于"我"的立足点（也可以称之为"精神的立足点"或者"精神的着力点"）的位置，并以此为参照点。同时，所谓心流接通时"所接通的地方"，也存在深浅差异。我们可以用"重心的感觉"简单体会一下"精神的立足点"的含义。如果一个人倚在一扇门上，一旦这扇门忽然移动，这个人就会因为重心不稳而踉跄甚至跌倒。跟身体的重心一样，如果一个人的精神过于关注和倚重某个存在（比如，特别想晋升到某个职位或者渴望被某个人爱），一旦没有如愿，这个人就可能会出现瞬间崩溃和活不下去的感觉，而实际上，这件事情对他自己的影响并没有那么大。另外，一个人精神的立足点即使能够回到自己的身心之上，也依然存在非常丰富的层次差异，并且在根本上决定着一个人能力的大小和智慧的程度。更详细的阐述，会放在本书的第三章中展开。

用脑与用心的五种能力水平

眼耳鼻舌身是人们与外部世界发生往来的门户，大脑和心灵则是指挥系统。虽然从三岁开始，我们的教育就以大脑的训练和开发为主，但心灵仍然是更为后台的存在。通常而言，大脑对应着一个人的理性，这跟大脑"形成概念、探索规则、构建逻辑、形成记忆、分析判断"的作用特征有关，我们通常会基于大脑的思考分析而形成"好坏、对错、大小、多少、是否值得以及出现的概率"等判断和结论，呈现出相对客观的、确定性的特征。

心灵的反应方式则与大脑不同，心里所浮现出的"欢喜还是抗拒、舒服还是不舒服、亲切还是陌生"等感觉，跟一个人心灵里面先天及后天所留下的痕迹和信息有关。在所谓的念念相续当中，譬如从这个念头跳到那个念头，从这个人想到那件事情等，过渡无比快速、流畅，却很可能毫无逻辑。心灵的感觉有可能是创意、直觉和洞察，也有可能是念头的散乱或者情绪的裹挟，呈现出相对主观的、变化的和不确定的特征，这通常对应着一个人的感性部分。

对于接受过正式教育或者经历过长期的主动学习和能力开发的人，根据其用脑和用心的能力以及两者之间的关系，大体可以分成以下几种状况。

第一种状况：大脑理性为主

这类人习惯了基于大脑理性分析去面对生活，坚信"理性指导下的生活"是最少犯错和最高效率的。所以他们的学习主要围绕着知识的补充、理论规则的理解、分析思辨能力的训练、普遍逻辑规律的探索等进行，喜欢追求客观的、严谨的、确定性的、可控的理论框架和规则。在他们所擅长的领域，很可能会展现出比较强大的逻辑解构和分析思辨的能力，追求洞穿事物客观本质的解析实力。

他们选择了怀疑感性的可靠性，不希望受到心里念头或者情绪等的干扰，这种内在的认知假设会导致他们习惯了尽量忽略或者用自己的强理性去压制心里的感受，尤其是这些感受跟理性的分析不一致的时候。久而久之，他们的神识习惯了聚集在大脑当中发挥作用，心灵的感知能力会变得弱化。一方面，对他人的情绪波动和变化不敏感，获取信息的时候也更倾向于追求客观的事情本身，就事论事，而不太能捕捉到别人细微的情绪变化和言外之意。另一方面，他们对自己的身心变化也会变得更不敏感。有时候，"没有不舒服"和"没有情绪波动"，只是因为自己觉察的颗粒度太粗，不够敏感而已。

正是因为有这样的特点，导致他们在应对复杂问题的时候，会忽略事件当中"主观参与"这一行为的影响，即便意识到了，也会尽量用客观的方式去解决主观问题。有时候，就会把复杂的问题简单化，把动态的问题静态化，看似分析都是合理的，却并不能真正解决问题。而且，在他们自己的世界当中，因为习惯了追求一种规则的、理性和可控的生活，往往会少了灵动的、鲜活的气息和情趣。

第二种状况：心念散乱而陷入感性的烦恼

理性不够和心灵赢弱而敏感的人，容易陷入第二种状况。遇到人或者遇到事情的时候，因为心比较敏感，而大脑理性训练不够，不足以对抗和压制感性的念头，就很容易情不自禁地跟着感觉走。再加上心灵未经训练和心力不够强，感觉往往是散乱而无序的念头，并且很容易迅速生发出情绪，使其沉浸其中而无法自控。

所谓"理性不够"存在程度差异。"遇到问题时因为心灵敏感而失去理性、陷入感性的烦恼"这种现象也会因情境和问题的难易程度而异。一个人可以在平时遇到小问题的时候保持理性，一旦问题相对复杂、自己又比较在意的时候，就有可能失去理性。从这个意义上讲，对于很多人而言，第二种状况虽然不一定是自己的常态，但也有可能会遇到。

如果一个人的心灵比较敏感，除了自己有可能失去理性、被念头牵引和情绪裹挟以外，对他人的信息获取也会变得丰富，能够从对方语气、表情等的细微变化中敏锐地捕捉到对方的心思，也能接收到类似"暗示、委婉、试探、心口不一"等信息。但如果自己的心力不够强，在获取更多信息的情况下，因为抗干扰能力不行，容易沾染别人的情绪而导致自己生出情绪，并且深陷其中，明明并没有解决什么问题，却很可能自我消耗严重。刚进入职场和社会的年轻人，出现这种情况的概率通常会比较高。如果不能在面对问题和承受压力的过程中扩展自己的专业能力、训练自己的心理承受力，一个人无论刚开始从事什么样的工作，后面都不可能会有多大发展。

第三种状况：心脑对抗

用脑和用心能力都比较强、心脑之间又没有实现贯通的人，会经常处于"心脑对抗"的状态。如前文所述，各行各业凡是能够持续取得卓越成绩的人，都是善于用心的人。一个善于用心并且用脑能力又比较强的人，在接通心流时，心脑是可以实现贯通的。有过这种体验的人应该能够明显感觉到心流接通时的大脑反应和思维能力跟平时有明显差异。大脑在此时的反应会更加灵敏，逻辑严密却不刻板，甚至会超出乎时思考的范围。

对很多人而言，心流往往存在情境条件和边界限制的问题，在自己长期专注练习和擅长的领域才有可能出现。一旦离开了自己擅长的情境，心流就不容易出现，心脑之间就往往是对抗的。一方面习惯了基于强大的理性分析面对和解决问题，另一方面又渐渐习惯了活在理性所构建的人设当中，比如，领导应该展现威严和大度的人设，家长应该保持权威和教导孩子的人设，男人应该维持承担责任而不能说不行的人设，女人应该温柔和保持贤妻良母的人设。当内心的真实感受与人设的要求不同时，则会选择压制心里的声音。这样的人很容易让身边的人感到强大、稳定、可靠、有安全感，同时也会让人感到有距离感，甚至有一种冷冷的很难让人真正靠近的感觉。如果一个人选择了把自己人设之外的特点和感受压制在内心深处，不希望别人看见，那么，别人也就不容易看得见，哪怕是身边的人。所以，这样的人在让别人感到高冷的同时，自己也容易感受到一种不被理解的孤独感。

与用脑的特点不同，用心的能力存在比较明显的内外之分。一个人可以在事情上很用心，对他人身心变化的观察很敏锐，却同时对自己的身心状态浑然不觉。换句话讲，如果一个人专注而用心的能力主要集中于自己身心之外的事物上，虽然觉察力得到了很强的训练，但因为对自己关注不够，就会对自己的身心状态并不敏感，尤其是长期习惯了活在人设之中的人。

第四种状况：善于用心而产生直觉

一个善于用心的人，如果理论和逻辑方面的训练不够，构建概念和逻辑规则的能力不够强，心流接通时，有可能不经过大脑而直接通向外面的对象或者事件，产生一种"模糊的正确"的直觉和答案，随后大脑思维才会跟上。这样的直觉往往很准确，答案和判断就像是瞬间浮现在了心头，有一种内在的笃定感，没有道理可言。不仅当时说不清楚为什么，哪怕事后分析的时候，也很难说清楚为什么，很难做严密的逻辑论证。

这样的能力通常来源于做事过程中的训练。善于用心的人能够在用心感受事情整体发展变化的过程中训练出一种敏锐的感觉和"把握节奏和分寸"的洞察力，能够在直觉的带动下顺应事物的发展规律而通向顺利的甚至超出预期的结果。

理论构建因为有专业的属性而往往存在边界，但复杂的事情则往往是跨专业领域的。如果一个人的概念和逻辑没有触及本质并且相对固化的话，就会成为解决问题的障碍。反过来，即便一个人在面对复杂事物时拥有超越专业边界的直觉，如果逻辑分析、理论构建和研究思维的训练不够的话，这种直觉也只是一种"模糊的直觉"。虽然答案是对的，结果是好的，但却说不清楚为什么。这种清晰的缺失，对他本人而言，会成为智慧进一步增长（比如心流稳定性的保持和管道的拓宽）的障碍；对他人而言，经验的学习与借鉴也就很难展开。

第五种状况：心脑一体

如果心和脑不是借助于某个专业特长的情境实现贯通，而是在自己的身心上真正实现打通，渐渐成为自己的常态，就是真正的"心脑一体"的状态。即在大脑的逻辑思维和分析能力比较强的情况下，还能够相对稳定地保持用心的状态，不会因为用脑能力强而导致思虑过重，而是进入一种"基于用心而用脑"的状态。

遇到人和事的时候，心里的直觉产生时迅速通过大脑，大脑的反应在感觉上几乎是同步的。直觉未经大脑分析却从大脑浮现，经过大脑的迅速处理，直觉便巧妙地验证了某个逻辑理论，或者非常合理地拓展了过往的逻辑边界。直觉可以被清晰地、相对客观严谨地、符合逻辑条理地进行说明，事后分析的时候尤为如此。于是，直觉的经验就能够变成"可重复与可持续的路径和方法"，并且应用的条件和可能性也是明确的。

一个人的能力跟所面对和承担的事情的复杂性相比，总是相对的，并存在持续提升的过程。事情没那么复杂时，可以做到心脑一体。一旦遇到的外部挑战变大，即事情更重大、更复杂或者自己更在意时，心脑就会断开，思虑变得沉重，心灵也同时浮现担心、焦虑、恐惧等念头，这都是有可能的。遇到这种情况时，需要先恢复到用心的状态，再去应对外在的世界（具体的操作方法会在本书的第五章中介绍）。总而言之，一个人"心脑一体"的能力（稳定性与可持续性）需要经过长期努力的练习才有可能逐渐得到提升。

"我"的应用

理、事和人的关系

身心是每个人生命的载体，"我"是我的身心的主人。一切的生命活动本质上都是"我"的应用，区别是有没有意识以及自己能不能做主。除去职业、专长、职位、身份、性别、年龄等的差异，作为一个生命体本身，"我"在面对外部世界时的应用可以概括为几个方面。一是"理的探索"，即对世界运行原理和规律的认识，其结果可以指导我们的生命活动。二是"事的解决"，每天醒来睁开眼睛生活，总要面对和处理各种可能的事情，我们在工作生活当中的身份和角色也决定了我们要承担相应的责任，解决不同的问题。三是"人的理解"，生命活动中总是难免会不同程度地与不同的人相处，因为人是社会性的存在，对人的理解也是"我"随时都需要的一个核心应用。

反过来讲，一个人比较底层能力的呈现也主要体现在这三个方面：对真理的接近、对复杂事情的敏锐洞察和圆满应对以及对人心的通达。无论我们是否有意识地观察，三个方面从来都不是独立的存在，而是相互影响和互为依存。一个人的能力水平越高，越会体现为三者之间的融合，理事不二，理事人融为一体。

第一，"理论上的可能性"与"现实中的可能性"不一定是对等的。理论需要经由现实的应用和验证跨越自身的边界。"理"主要是指原理与规律。越是普遍的、基本的原理，越拥有广泛的指引性和适用性。对于"理"的探索，对于一个事情运行规律的研究，往往会为我们揭示影响事情的因素、相互之间的逻辑关系、发生链路与概率等。"事"则是具象的、当下的、现实的，是一个具体时空节点下特定的人所发生的事件或是活动。事情应对着现实，一个事情的发展不是条件具备了才有可能，而往往是通过每一个时点下在条件不完善情况下的应对，而慢慢变得更加可能。假如在某个行业或者专业领域，许多人都想要追求同一个方向或是阶段性的终点，或者叫阶段性成功，理论研究和探索试图总结所有成功到达者及其方式方法的共同点，但即便如此，每位成功者一路走过来的过程也仍然是差异万千的，每一位都是独立的生命样本，没有完全一样的可能，当然不能教条化地复制和借鉴他人的经验。理论为我们提供方向的指引、关于对错和规律的判断标准，而当我们所掌握的理论还存在专业边界和局限、距离真理还有很大差距的时候，理论只能作为一种经验的假设，而不能成为行为的依据。

在每一个当下，面对具体事件和情境的时候，我们需要放下固有的假设，感受事物本身发展变化或者酝酿变化所发出的信号。一件复杂事情的发展一定不是转眼之间就完成的，往往会经历长时间的转变过程。我们需要有意识地体会事情本身演变所发出的信号和呈现出的基本逻辑，在顺应规律的过程中验证我们原本的理论假设，放大认知边界。就像一棵树，我们会忽然间发现树长高了，那是因为我们的关注度不够，感觉能力和觉察颗粒度不够，才会产生"一夜之间长高"的错觉。

第二，"事的解决"在"理"的指导下能够确保方向的正确并提高处理效率。与此同时，在事情中保持对理的探索，才能"知其然并知其所以然"，解决问题的能力才有可能持续提升而不会变成僵化的经验主义。知识经验沉淀、规律提炼和以文字等为载体进行共享和传承，是人类文明进步的重要基础。因此，人们在面对和处理事情的时候，理论指导和经验借鉴当然是有意义的，可以避免犯重复的错误，持续改善和提升效率。关键就在于，"理的探索"需要一个持续接近真理的过程，在抵达真理之前，总是存在各种边界和局限。在已经掌握的常识、逻辑和原理的指导下，需要始终保持一种"理论假设"的开放，保持一种验证的姿态，在应用原理的过程中验证其适用性，并完成其边界的放大，而不是作为确定性的标准和结论，不顾现实事件本身的特点而僵化地判断和套用。

与此同时，如果我们能够在事情发展变化的整个过程中不仅应对事情本身，同时持续探索背后的逻辑和试图打通因果链路，那么，无论阶段性的结果如何，是否符合预期，都在规律探索的过程中完成了参与者能力的训练和转化。这样的能力才是灵活的、可持续的。否则，再成功的经验也经不起环境的波动和变化，反而容易让人形成固化的认知，成功变成失败之母。

第三，理事不二的难点在于"一以贯之"的能力，需要有意识地主动训练。在"理的探索"过程中，当我们在空间里放大研究的样本，同时拉长观测和研究的时间，会得到更为普遍性的结论，普遍性的结论往往会拉平短期的、局部的不合理和异常，从而呈现出相对稳定的规律。总体性的、普遍性的规律也就是所谓的"原理"，它们可以为个体提供超越时空的方向性的引领。与此同时，当我们面对具象化的、鲜活的个体和当下，事情和人是秒秒变化的、念念相续的、生动鲜活的、没有足够资源和条件的，一般性的原理在无限差异和丰富的一个时点上能够完成应对，并不容易，"知行分离"正是因此而发生。

人们往往拥有"知行合一"的主观愿望却对自己的知行分离没有觉察。越是普遍性的原理，听起来往往越简单明了，容易理解，而越是这样，越不容易"遍一切处、遍一切时"地贯彻到底。所谓"不忘初心"，并不仅仅是一个主观愿望，也不是一个高高挂起的原则，而是一个需要经过实实在在训练才能拥有的能力。在一件事情发展变化的过程中，任何需要做出判断和选择的时候，都要去主动应对。想一想自己的初心是什么，什么样的选择才符合初心，坚持让这样的思维反应成为自己的行为习惯。一开始应对起来并不容易，难免会有模糊不清、逻辑冲突和纠结反复的情况，但"清晰的能力"往往就是在试图清晰的练习过程中逐渐得到提升的。

第四，"理的探索"和"事的解决"一体化的互动才能保障工作和学习的效率。一方面，理论是对事情方向的引领，即要回答"什么是对的"这样的问题。对的道理一定是符合常识和天理的，比如，天道酬勤而不是躺平，长期主义而不是机会主义，公平公正而不是控制和利用，等等。总体方向正确，才能避免走大的弯路。个体在通往总体方向的过程中，需要基于各自的努力而开辟和走出自己的道路，过程中可能会有曲折、反复，但只要方向对了，慢就是快。过程中无论经历什么，都可以积累经验和能力。

另一方面，理论对事情而言，不是僵化的模子，不是教条主义，不是脱离实践的"逻辑正确的评论与解读"，实践才是检验真理的唯一标准。善于探索原理的人，会因为"逻辑自洽"的解读而产生一种虚妄的优越感和能力错觉，实际上却眼高手低，面对现实问题毫无手感。而善于"处理问题"的人，容易满足于结果达成而忽略过程中规律的提炼和能力的训练，从而产生认知僵化。只有理事不二，基于原理去解决问题，在解决问题的过程中探索原理，才能把原理变成一个人真实的解决复杂问题的能力，而不仅仅是一种大脑的认知逻辑。

第五，"理的探索"和"事的解决"都离不开对"人的理解"。人既是探索真理和应对复杂事情的主体，也是指向的对象。如果说理和事本应该一体，那么事和人则互为依存，相互定义。什么样的人就会做什么样的事，什么样的事情就需要什么样的人去承担；人会成就某件事情，反过来，事情也可以成就人。一件复杂的事情如果没有合适的人去承担，事情往往就很难达到预期，承担一件事情的人以及所有参与者的总体水平，决定了这件事情所能够达到的结果。反过来讲，事情在发展变化的过程中如果不能完成对所有参与者总体能力的训练和升级，那么即便短期内事情的结果达到了预期，也很难持续。

生命是无常的，生活总是变化的，未来总有不确定性，任何事情都不是恒定不变的，唯有不断接近真理的能力才能让我们穿越一切周期，享受所有经历。从这个意义上讲，借事炼心才是最高效的选择。事情是为了成就人，让人有机会不断接近真理，人和理一体，理事不二，最终，一个人的自然应对，便是道法自然。

化约论与系统论

"我"的应用的一个核心方向就是对外部世界的认识和参

与。在我们试图完成对复杂世界的认知的时候，产生了两种主流的研究范式——化约论和系统论。

清华大学科学史系主任吴国盛教授在《科学的历程》中曾做过这样的阐述："继承自希腊的数学理性传统、原子构成主义支配着近代科学的主流研究纲领。总的来看，'物质实体＋形式法则'的模式是西方思维的核心特征。不仅表现在对自然界的构造上，而且表现在对人类社会运作模式的构思上。由自由的个人（原子）所组成的社会，得以保持其有序运作的唯一办法是制定某些规则，这些规则就是法律（Law）。Law 既是人类社会中的'法律'，也是自然界中的'定律'。"

"物质实体＋形式法则"的思维方式也带来了近代科学一个占据主导地位的方法论原则"还原论"（也叫作化约论）的诞生。还原论始于牛顿力学，是一种拆整为零的方法论，也是一个哲学假设，认为复杂的事务、现象或者系统，可以通过将其分割、化解为小部分组成的方法，加以认识和理解，是一种主张把高级运动形式还原为低级运动形式的哲学观点。它认为现实生活中的每一种现象都可看成是更低级、更基本的现象的集合体或组成物，因此可以用低级运动形式的规律代替高级运动形式的规律。化约论派生出来的方法论手段就是对研究对象不断进行分析，恢复其最原始的状态，化复杂为简单。正如《科学的历程》一书所言："把复杂的事物分解成简单事物的组合，把宏观的物理现象归结为微观现象的组合。还原论还具体表现在，力图将心理意识现象还原为大脑的生理机能，把生命现象还原为物理和化学现象，把化学现象还原为原子和分子的运动和结构，把物理学还原为力学。简而言之，把人类所面临的一切问题都还原为科学问题。"

化约论是西方认识客观世界的主流哲学观，其理念主要根源于一元论哲学，认为万物均可通过分割成部分的途径了解其本质。东方文明的整体观则认为这种认识论只可用于简单事物，对复杂事物或者系统(例如人体生命)而言，一旦被分割，将会丧失许多信息而失真。事物的复杂程度越高，因分割而失真的程度就越严重，因而东方文明更强调系统论。

系统论以系统为对象，从整体出发来研究系统和各组成要素的相互关系，从本质上说明其结构、功能、行为和动态，以把握系统整体，达到最优的目标。系统论的基本思想是把研究和处理的对象看作一个整体系统来对待。系统论背后的一个基本假设是，整体与局部的关系并不仅仅是"系统等于局部的加总"，整体可能大于部分之和，而当系统被试图分拆为局部的时候，已经失去了其原本的整体性。

以化约论为主流研究纲领的近代科学取得了无比杰出的成就，促进了人类社会的飞跃发展。然而，以化约论为基础的科学研究成果是否能够解释人类所面临的一切问题？越来越多的证据和现实告诉我们，答案显然是否定的。首先，从概念上讲，吴国盛讲到："系统科学所力图凸现的'整体性'用通俗的话来说，就是所谓'整体大于部分之和'。系统整体上凸现了其组成部分所不具有的特征，这些新的特征绝不是通过对其组成部分的分析可以得出的。"其次，系统科学研究所揭示的耗散结构、突变论、自组织、非线性、超循环等现象，远远超出了基于还原论的绝大多数模型和理论所能解释的范畴。最后，就生命科学而言，现代生物科学、医学和解剖学的发展，已经让我们对肉体的认知达到了前所未有的精细程度，治疗技术也达到了前所未有的高度，然而，依然有很多病症的演变路径是无法得到解释的。癌症术后的康复只有基于时间的概率是可以确定的，具体到每一位患者的发展演变，则基本上无法控制。

更进一步讲，生命不仅仅是肉体的物质生命，还包括了精神生命。物质生命与精神生命之间的互动更是远远超越了人们所研究的范围。生命是一个整体，人与人之间除了在肉体物质生命部分的健康程度和相互之间的运行逻辑上存在一致性和普遍规律以外，又有各自与生俱来的差异，而精神生命在发展过程中的差异则更为丰富和灵动。与此同时，生命是鲜活的、时时都在变化的，物质生命与精神生命之间的相互影响是客观的、时时动态变化的。

物质生命是精神生命的载体，在一个人现实的生命当中，精神生命无法脱离其载体而存在，所有的生命活动都依赖于我们的身体存在而展开。精神生命又是物质生命的指挥者，是作为"主体"的存在。一个人睁开眼睛的所有活动都是"我"的选择和应对，不能脱离精神生命而独立考虑物质生命的健康水平与品质。

就精神生命而言，一个人的人格可以是丰富的、复杂的、多面的，在发展的过程中存在力量感和层次的差异，对自我的感知有清晰与糊涂的差异，在不同的场景下还会有不同的呈现和波动。精神生命本身不可分割，精神的存在是鲜活的、灵动的、念念相续的，它不由物质组成，而是可以超越时空的存在。比如，一位伟人在现实生活中与我们毫无交集，我们却依然可能会被他的精神所感染而深受影响。

我们无法基于一个人的人格主体的表现来定义主体本身，因为呈现是千变万化的、发展的、不可重来的、无法穷尽的。

即便假设我们能够穷尽一个人所有的人格呈现，这些呈现也不等于这个人的人格主体本身。因为一个人的人格是特有的、统一的存在，没有办法被分拆为局部人格去理解。当我们试图用"它"（统一的人格主体）的外部呈现去分拆"它"的时候，我们已经偏离了对它自身整体性认识的可能，这一点与系统论的基本假设是一致的。

余世存曾经讲过："在历史的非常道上，在人生社会的参照上，最为重要的是人格成就，它才是照亮我们生命的明灯。"认识生命需要系统论，不仅仅是对物质生命的研究，更重要的是对能够做主的精神生命的认识，而人格成就也正是人与人之间最为本质的差异。精神不可分割，对一个人精神生命的认识不能是局部的加总，也不能只是从外向内的观察和特征归纳，而需要一个人作为自己生命的主人完成对自己的体证○与认识。这也正是中西方研究视角的主要差异——"由外向内看"与"由内向外看"。

生命教育与谋生教育

《中国历代书院学记》的作者王涵先生讲过："与西方的

○ 体证：通过实际体验的方式验证，区别于主客分离的实证研究方式。

传统教育不同，中国古代学校不仅仅承担着传授知识的责任，更重要的是还承担着某些与西方教会相类似的使命和责任，那就是像灯塔一样从思想和精神上引领人们超越现实的人生，向人们传播朴素而深刻的人生哲理，帮助人们形成更具道德责任感的文化价值观。如辜鸿铭先生所说，古代中国的学校追求的是一种关注社会人生的做人教育，其宗旨是教导学生'做个好人'，而不是像近代西方学校那样只是'教人谋生'。这就是数千年来中国教育代代承继的真正传统，是中国传统教育的精魂所在。"牟宗三先生也曾讲过："东西方文化各有其精彩，西方哲学以知识为中心，中国文化则以生命为中心。"

当然，西方哲学对知识的强调和中国文化对生命的关照，更多体现在侧重点和路径的不同，以及哲学层面对于物质和意识之间关系的假设的差异。生命教育的一个基本假设是，人的身心是"我"的应用的载体，对载体本身的认识和开发，是一切应用的基础，决定着应用的水平和空间。一个人只有建立了正确的世界观和人生观，明确人生的意义，才能更好地展开自己的生活，而在现实世界里安顿自己的身心，"修身、齐家、治国、平天下"是由内而外展开的。

生命教育从一开始就努力把精神的超越性探索加入现实

的人生之中，身心能够获得一种超越外面世界波动的安顿和承担重大使命的力量，一种面向真理的矢志不渝的坦然、平实和坚定，"穷则独善其身，达则兼济天下"。谋生教育的重点则强调我们对客观世界的认识与参与，通过参与和改变世界来完成自己的生活，实现人生的价值和意义，正如乔布斯所言，"活着就是为了改变世界"。谋生教育更强调现实人生的展开，侧重于用外面世界的创造和成就来定义生命的价值。一个人生命的意义取决于对现实世界普遍价值观如公平、正义、和谐等的传播和人类社会进步的推动。从一个人精神的关注点上讲，谋生教育更关注"外"，由外而内；而生命教育则强调内外的同时关注，"内圣外王"。

　　无论是谋生教育还是生命教育，一个人的能力和力量的增长总是源于现实生活中各种经历的面对与担当。相比而言，谋生教育也会带动一个人的成长，只是这样的成长更多是一种"我"基于应用的条件满足和自我超越。一方面，当一个人对自我没有足够清晰的认识，因为受到外部环境和与他人比较的影响而追求某个事业，事实上与自己的特质和长项并不匹配，就会面临内外冲突和事倍功半的境况。另一方面，即便一个人所追求的事业符合自己的特长，随事情的发展突破自己而获得成长，这样的过程也随时都有可能遭遇瓶颈而并不自知。随着事情的成功和一个人外在影响力的增强，往往也会出现诱惑和杂音的干扰。成功总是伴随着赞许的掌声、崇拜的面容和感恩的心意。情意的真诚容易让人忽略理性和智慧的不足，"被拥有"的事实掩盖在"自认为超越"的优越感的幻象之下，侵蚀着一个人的清醒与觉察，只有失去的时候才可能意识到。因此，对于绝大多数人而言，成功的实现总是伴随着"自我"的放大，"在拥有中超越被拥有"成为最大的挑战。

曲径通幽、高处不胜寒，对于各行各业、各个领域当中通往顶端路上的人，能够在心灵上与自己同行的人必然会越来越少，可以一目了然的那种清晰判断变得越来越不容易，能够随时得到的有效提醒也会越来越稀有。在不断接近无人之境的高处，唯有极致精微而敏锐的觉察才能让自己超越一切外在的拥有，在持续成长中接近生命的真理与实相。从这个意义上讲，如果在生命展开的过程中始终伴随着对"生命意义"的追问，有一个超越自我的价值理想的确认与引领，理论上讲，超越现实拥有所带来的迷惑与障碍应该就会变得更容易，也更为可能。

对"我"的应用的前提，是对"我"的持续认识与开发。

⊖ 实相：圆满完整的、如实的真相。

只有"我"跟自己二十四小时都在一起，却并不一定真正认识自己。"我"看似是自己身心的主人，却并不一定真正有能力做主。生命教育的真正意义就在于将"我的应用"与"我的认识和开发"同步，帮助我们认识自己，成为更好的自己，最终实现内圣外王。

第二章

认识自己

生命的组成：物质与精神

主体、肉体与能体

　　一个人的生命包含了物质和精神两部分。物质部分主要是指我们的肉体，受到父精母血遗传因素的影响。精神部分主要是指意识或者神识，也就是对"我"的总称。因为"我"是能够做主的存在，所以我们也可以称之为构成生命的"主体"。除了肉体和主体以外，生命还包括了介于物质和精神之间的"能体"。能体就是与我们的肉身和主体相对应的人体复合场态的总称，能量和物质之间存在转化关系，与精神之间也存在对应关系。通俗地讲，就是一个人的身心状态所呈现出的能量场。

肉体上存在能量通道，对应着相应的能量空间，通过长期的实修功夫才有可能把能量通道逐步打开。对于普通人而言，类似脉轮这样精微的能量通道基本上都是闭合的，对于能量的存在和运行基本上也没有实际的关注和体验。

肉体受到父精母血的影响，体质存在先天的强弱差异，同时受到成长过程中环境、饮食、生活习惯等因素的影响。通常而言，一个人到了二十几岁（不同的人会有几年的差异），肉体在发育成熟后进入拐点，开始渐渐衰败，这是自然规律。当然，人为的干预可能会加速或者延缓肉体衰败的过程。一个人肉体的健康状态除了客观的体检指标证明以外，主要体现在肉体的运行是否通畅和轻盈。从实际的感受和生活品质上而言，如果肉体的健康状态不佳和衰败加速的话，人们会感觉自己的身体变得沉重、僵硬和不通畅。比如，许多人到了中年之后，会明显地感受到身体沉重感加剧，皮肤暗沉甚至会显出青黑色，大小便开始不规律，睡觉的时候因为呼吸不畅而打呼噜，吃东西之后因为消化不通畅而产生浓重的口气，腿也变得僵硬，等等。

主体的存在除了受到先天因素、从小到大的家庭与学校教育以及自身经历的影响之外，成年以后，并不存在逐渐走向衰败的特征，而是可以持续开发和学习的。所谓一个人的人格特质主要就体现为主体的特征，即主体发挥作用时所呈现的世界观、价值观和人生观。人的一生总会经历生老病死、悲欢离合、顺境逆境的波动，每一次经历对于主体而言都是认识自己和学习的机会，人们正需要在这样的过程中逐渐接近和完成对生命真相和世界真相的认识。"喜怒哀乐悲恐惊"究竟会强化一个人的"贪嗔痴慢疑"，还是会让一个人能够穿越一切复杂和泥泞而不断放大自己的人生格局和气象，实际上，做选择的都是自己。人与人之间最本质的区别就是主体层面的差异，有的人虽然经历了挣扎和煎熬，却总是试图对抗和逃避，似乎一直都在重复之前的反应模式和痛苦。有的人在面对生活经历的过程中虽然训练了自己的承受力，却同时告诉自己，一地鸡毛就是生活的本来面目，于是把自己变得强大而冷硬，像是个提前给自己宣判悲伤结局的孤单而决绝的斗士。

一个人的能量场跟肉体和主体都存在对应关系，肉体的健康状态和主体的状态直接影响一个人能量场的状态。能体有着强度和层次的差异，强度是力量感的差异，而层次的高低主要体现为"干净而正向"和"污浊且负面"的不同。所谓一个人的"气场很大"既跟强度有关，也跟层次有关。区别在于，强度大的"气场大"容易让人感到坚硬和压迫感，而层次高的"气场大"则会让人感受到放松、亲切与平和。

生命是主体、肉体和能体三者之间互相影响、互为依存的整体，健康是三位一体的系统健康。首先，主体通过对事物的选择而对肉体进行干预。比如，选择什么时间吃饭，吃什么；身体不舒服的时候选择看中医、西医还是自己扛着。一个人对于健康的认识和对于生命意义的认知，直接影响着他对肉体状态的关注程度与选择。比如，如果一个人认为长相和外貌是决定自己是否幸福的关键因素，就会花大量的时间和精力用于容貌的修饰和身形的调整，并且对这方面的信息和变化尤为敏感。而如果一个人更在意工作高度投入过程中精神的愉悦和成就感，对肉体的关注度就会比较低，甚至对肉体所发出的疲惫和生病的信号完全不敏感。反过来，肉体毕竟是主体存在的载体，肉体的状态自然也会对主体产生影响，只是影响的强度会因人而异。比如，一个人的肉体如果长期生病的话，也可能会消磨主体的意志，影响主体的选择。

其次，主体对能体有直接的调动作用。遇到事情的时候，主体的认知和选择会直接影响能体的状态。比如，两个人在沟通中出现观点不一致时，如果把对方的不同观点认为是对自己的否定，两个人的能量状态就会变得紧张和对抗起来。当一个人状态比较低落的时候，究竟是选择放松休息，还是看着镜子里的自己从而更加不满和焦虑，会导致一个人的能量状态朝着截然不同的方向变化。

再次，能体和肉体以及外部环境之间存在着平衡关系。日常生活当中，我们的身体除了通过呼吸和饮食与外部环境发生交互而影响肉体健康以外，能量也有着与外部环境的交互与平衡。一个能量强度低又比较敏感的人，如果持续待在一个比较紧张、高压和存在冲突的公司环境当中，就容易感到压抑、紧张，甚至会生病。而一个人在当前的环境下感觉身心疲惫、压力重重的时候，给自己放个假，去一个自然环境美好而空旷的地方，哪怕只是闲散着待一待，什么都不做，也能感觉到放松和能量补充。因为外部环境的能量场比自己的更大，在平衡的过程中，可以置换掉自己的能量，就像一滴墨水滴进大海之后会被大海稀释一样。当然，因为人们体内的能量通道存在不同程度的闭合和堵塞，与外部环境的能量置换和平衡并不能进行得彻底，对高维能量的吸收非常有限，所以，所谓"对他人和环境的借力"也往往是一时的、有限的和不可持续的。

最后，我们与外部环境和他人的互动过程也是三位一体的系统影响。他人的主体可能会影响到我们自己的主体、能体和肉体，同时我们自己的主体也可能会影响他人的主体、能体和肉体。比如，一个遇到打击而情绪低落、焦虑紧张、气色暗淡的人，找自己尊敬的师长倾诉，会因为师长的开导而变得心态平和，气色也明亮起来。一位权威专家的观点很可能会直接影响我们对健康问题的认知和判断，影响我们要不要打疫苗、是否要定期健身、需不需要增加素食之类的选择，从而影响肉体和能体的状态。

一个人的生命包含了物质和精神两部分，包含了主体、肉体和能体三位一体的存在，我们要想对生命实相有所了解和探究，自然就需要完整、系统的认识过程，才有可能抵达真相。理论上讲，只有我们自己跟自己二十四小时在一起，我们自己最有机会和可能了解真实的自己，却往往并没有花足够的时间去真正了解、呵护、成全和发展真实的自己。事实上，从每天早上睁开眼睛开始，我们的注意力往往很少放在自己身上，导致对自己身心的波动和反应越来越不敏感，在身心健康的问题上主要依靠他人和外力"由外向内"地对自己做出判断和治疗，显然是比较被动的方式。要想对自己的身心健康能够真正做主，就需要对生命建立完整的认知，就要从关注自己的身心状态和练习敏感的觉察开始。

主体的能力：自我与无我

"认识自己"意味着"我"对自己的认识，也就是主体对自己的认识。因此，能不能真正认识自己取决于主体的能力与升级。

李嘉诚先生曾经讲过"建立自我，追求无我"。这大体可以理解为人生成长的两个阶段，也是一个人主体能力建立和升级所需要经历的两个阶段。"建立自我"意味着一个人主体意识的明确，一个成年人能够独立面对世界，有自己的判断和认知能力，拥有相对成熟的人格和承担生活的能力。"人格相对健全和独立"是一个人成熟的主要标志，所谓"成年"的核心是一个人精神上的成年。"我"在某个时点的认识和判断可以是不对的、有偏颇的，但至少得先建立"我"的认识和判断，才有可能在不断修正的过程中持续进步。至少得先有"我"的意识，才谈得上"我"的进步。

一个人的"自我"从呈现上看，主要体现为这个人身上所有比较显著的特点、面对外部世界时的反应模式，既包括专业技能、性格特点，也包括其世界观、价值观和人生观。虽然"建立自我"存在程度上的差异，因为成熟是相对的，但"建立自我"是一个人成年之前教育的核心，也是进入社会之后一段时间里的核心命题。在一个人"建立自我"的过程中，如果没有伴随着对自己作为一个独一无二的个体的认识，那么，自我的建立就更多基于外在的、比较统一的标准，也就有可能导致一个小孩很早就开始面临内外不一致的矛盾和迷惑，进而带来要么压抑要么叛逆的结果。

成年之前越是压抑本性的小孩，哪怕在大人眼中是优秀的，教育背景也是光鲜的，长大后其"自我"越可能是缺失的，或者存在缺陷的。因为害怕被否定，所以习惯了随时关注、屈从和迎合外在与他人的要求，哪怕超出了自己的承受范围也依然坚持，对自己内心的疑问、迟疑或是抗拒则是自我打压的。久而久之，便是一种"没有自我"的状态。

另外一种可称之为"麻木状态的自我"，即使受到了良好的教育甚至是高等教育，但因为心灵教育的缺失或者不足，作为个体的独立人格并没有得到真正的开化和激活。这样的人，在学习和工作的过程中，相当于主体习惯了按照外在的结果标准而僵化地接受和教条式地努力产出，没有任何意识去思考标准本身的正确性，没有一种主动的、鲜活的、对结果承担责任的参与感。外在的标准往往源于组织、权威、主流或者约定俗成的指令或规则。对于这样的人，"作为人，何为正确"类似的命题并没有成为其人格底层的独立意识，他们放弃了思考，丧失了思考能力，无论其外在的身份如何，因为"自我"始终处于一种麻木和僵化的状态，也相当于"没有自我"。

一个没有自我的人，不是身体上的附庸，就是精神上的麻木或者寄生者。要么像浮萍一样，随着社会的流行标准和身边在意的人的目光而流转，情绪跌宕起伏，很容易焦虑和紧张，并且从内到外轻飘飘的，很难有担当的能力；要么像一个缺乏鲜活跳动的心脏的机器人，做着僵化的工作，过着麻木的生活，看似简单却没有温度。一些没有自我的人，好像随时都可以为了另外一个人付出所有，实际上没有能力独立面对和承担自己的人生。而另外一种人则容易出现所谓的"无意的破坏"，并非出于不良的动机，只是因为没有思考意识和能力而"服从错误""被错误利用"或者"成为社会发展的负担"。成年人进入社会以后，在相当长的一段时间内，成长的根本就是对自我的修复和进一步建立与明确。拥有一技之长和在工作中获得自信，是一个人"自我感"得以确立的重要支撑。

综上所述，就主体的能力而言，第一个维度是"有我"和"没有我"的差异。一个没有建立起自我的人，主体能力的提升也就无从谈起。第二个维度是"小我"和"大我"的差异，从一个人自我存在的力量感和强度两个方面上体现。如果一个人比较自私，更在意自己的眼前利益，甚至不顾集体利益，没有什么集体和大局意识，就是一种"小我"；而如果一个人追求所谓的大义名分并执着于此，甚至自己也不见得拥有真正承担的能力，却举着"大义名分"的旗帜而获得一种道德上的优越感，便是一种"大我"，所谓"歌颂灯塔久了，以为自己就是灯塔"指的就是这种情况。从一个人的能力上讲，能力越强，影响力越大，就越容易做"我就是比别人厉害，只有我才能做到"之类的归因，从而呈现出更强的分别心，在面对他人的时候显得更加强势和冷漠，则是另外一种"大我"，也就是所谓的"能力越强，'我'就越大"的含义。与"小我"相比，"大我"更显得理直气壮和理所当然，当事人也就更加难以察觉。

主体能力的第三个维度是层次差异，也就是能够做到"无我"的程度。一个人从小到大的经历中所有的"在意"都会存在心里，形成印记，还有先天因素的影响，一起构成了一个丰富的"我"，随境呈现。只要心里面有相应的种子，遇到外境的时候，就会生发，并沾染新的种子进来，没有什么道理可言。所谓"追求无我"就是借助于工作生活中一切能够让心灵种子呈现的机会，认识真实的自己，通过释放掉种子完成对自我的超越，突破"我以为、我认为、我觉得"这些让自己偏离事情真相的障碍。每一个种子[⊖]的释放就相当于去

⊖ 此处"种子"为比喻的说法，并不是真正的自然界的物质种子，因此不用"一粒种子"的说法，而改为"一个种子"。

除了一种"我"的能障[⊖]，面对外境的时候，我的特点的障碍就少了一重，也就变得更加"无我"。

一个人真正走向"无我"的前提是人生要有信仰或者理想。信仰和理想的确立相当于让心灵有一个超越自身生命的归宿和追求，自我构建的基础或者根基超越了个体存在，才有可能"无我"。否则，只要"自我"是个体存在的意义，心灵能障的释放即便会让"我"的层次得到提升，但最终的本底依然是一重"自我"，并且会让这一重"自我"变得无比强大。因为一路披荆斩棘、经历挫折的是它，走进高光时刻、接受掌声的是它，承受压力的是它，完成成长的也是它。它也因为清理了前面那些影响自己能力的障碍而变得更有智慧。这个时候，面对"它"的缺陷，如果否定"它"的存在而没有更终极的归宿作为支撑的话，一个人的内在就会有被挖根掘坟般崩溃的风险，以及有一种瞬间失去存在感而跌入虚空的深渊的恐惧感。从这个意义上讲，一个人真正的恐惧是没有坚定信仰前提下的否定自我。

主体能力的第四个维度是"能否做主"。虽然主体是我们生命中做主的存在，一个人睁开眼睛之后的所有生活本质

⊖ 能障：特定能量所形成的屏障，特指心灵的能量屏障。所谓能量，相当于信息或者信号记忆呈现出相应的偏好、倾向或者习惯性感受与反应。有些能量之所以会成为"屏障"，是因为一个人的"我"会基于各自心灵获得的信息反应于外部世界，从而影响对事物真相的认识。

上都是主体的选择，但是人们对于自己"做主"这个事实的感受却存在显著差异。没有自我的人，总觉得自己做不了主，都是别人在做主，实际上是自己的主体选择了"让别人做主"。自我感比较强的人，一个习惯了承担或者强势的人，以为自己一直在做主，甚至在做别人的和大家的主，但如果对自己的认知和反应没有觉察的话，这种做主实际上属于一种"基于本能的做主"，是自己心灵种子的自然生发和反应而已。真正的"做主"是"超越本能的做主"，一方面认识到主体随时在做选择，另一方面对于主体选择的过程又可以清晰地觉察，借助于这样的过程完成对当下主体所包裹的能障的超越，实现主体层次的升级。做主的能力取决于一个人无我的程度，无我的程度取决于主体的层次。

别人眼中的自己：人设与外衣

进入社会的成年人，随着自己阅历的丰富，遇到真正了解自己的人似乎越来越不容易。哪怕每天都在一起、近距离相处的人，也有可能会在心灵上渐行渐远，成为最熟悉的陌生人。成年人的世界里，对于许多人而言，感到心寒的孤单往往不是因为身边没有人相伴，而是没有一个真正懂自己的人。"不能理解的相伴"很难带来温暖和抚慰，反而容易增加压力、负担和约束感。

绝大多数人对另外一个人的认识，基本上都是"由外向内看"的过程。通过一个人的外貌、背景信息、言行反应等逐渐看向里面的性格特质和价值观等，也会借助一些工具方法和过往的经验去看一个人。比如，通过一个人的言行观察一个人的内在，通过一系列的性格测试预测其价值取向等。

第一，"由外向内看"的过程面临各种"背景信息"的迷惑，包括一个人的学历背景、家庭出身、职位、职业经历等。一方面，背景信息只是一种概率上的证明，比如，名牌大学毕业的学生大概率会比一般大学毕业的学生更优秀、更有潜力，在一个知名企业工作过的经理人大概率是个合格的经理，等等。对应到一个具体的人身上时，概率只能作为参考，而不能直接当作结论。另一方面，因为背景信息会影响人们的判断，也就导致了一些人努力用背景的装点来证明自己。比如，通过学习和掌握考试的技巧而考上名牌大学，获得一系列的专业证书等。这样的人除了拥有"卓越"的考试技能以外，很可能对自己所学的任何一个专业都没有真正深入的理解。个人与背景信息之间，究竟是谁背书了谁？这是相互作用的。比如，一个名牌大学的毕业生，刚刚进入社会，学历背景会成为这个职场新人发展潜力的背书。用不了太久，这个毕业生通过自己的努力成为一名成长迅速的优秀职业人，反过来，就会成为所毕业学校的背书，会被认为"不愧是某某学校毕业的学生"。

第二，由外向内去看一个人的时候，会面临对方人设与丰富心理活动所形成的障碍。一个人在长大和社会化的过程中，无形当中会在自己的身上加载各种人设，包括小孩应该听老师和家长的话，男人应该有担当，女人应该温柔，领导应该拥有智慧等。与此同时，一个人从小到大成长经历中所有的"在意"以及先天因素的影响都会在一个人的意识里面留下痕迹，只要被触碰到就会生发，从而构成了一个人丰富的心理活动。如果没有心灵成长的训练，一个人多半会活在"人设"和"心理活动"的双重裹挟当中，本质上身不由己。当外境引发一个人心灵的种子生发时，当事人要么顺着本能反应，要么基于"人设"的要求而把情绪向内控制，努力让自己表现成"喜怒不形于色"的样子。实际上，长期做到的可能性几乎为零。当事人虽然自认为没有向他人发火，实际上别人仍然能够感觉到其强烈的情绪。与此同时，如果累积到一定阶段忍不住来一次集中的爆发，会把问题搞得更加复杂。还有一种可能，就是把情绪转嫁到别人身上，再或者就是把自己憋出病来。而且，被"人设"和"心理活动"同时裹挟的人，时不时地会有诸如"言不由衷、词不达意、委屈地说反话、隐忍沉默、故作轻松微笑、委婉试探"之类的表现，导致身边的人也感到心累却无解。当然，当我们自己也带着某种人设和丰富心理活动而缺乏觉察的时候，本身也会形成真正了解他人的障碍。

第三，要想看懂一个人，需要的是能力，而不仅仅是意愿。有的人只看别人的外表、背景和所拥有的身份，有的人则试图了解一个人的内在。即便是想要了解一个人的内在，也存在"有没有能力看懂"的问题。理论上讲，一个人心灵的成长滞后于另外一个人的时候，是不大可能看懂对方的。人们总是习惯"推己及人"，如果自己对人性复杂程度的体会有限的话，就不可能理解比自己心灵层次更深、更丰富的人，反而会用自己的逻辑去假设和要求别人的反应。所以，人与人之间相处，不理解是常态。如果你真正理解别人，你就知道"别人不理解你"是件再正常不过的事情。而且生命是鲜活的，人总是处在发展变化的过程中，人心易变是个客观事实。一个时点的理解并不等于永久性理解，年轻时的承诺也是发自真心的，如果后面两个人发展不同步，又没有足够的心灵成长的话，关系发生变化实际上也不是当事人所能够控制的，"感受到伤害"也往往是双向的。从这个意义上讲，如果我们珍惜一个人，最好的方式就是用心花时间在对方身上，带着对方一起成长。空间的靠近并不等于心灵距离的缩短，"在一起"不是空间上的在一起，而是用心在对方身上，是彼此理解的心灵共暖。

当然，"由外向内地穿过重重外衣去了解一个人"并不是唯一的方式。与人互动相处时，或者跨越时空去感受一个人的时候，用心直接完成对别人内在的洞察，也是完全可能的，但需要长时间心灵功夫的训练。

总而言之，要想真正读懂一个人，需要持续学习。不要想当然地"推己及人"，而是要用心花时间在对方身上，这样才有可能穿越连对方都可能并不自知的人设和心灵障碍而真正读懂对方。所有对方让你觉得"不可思议"的时候，一定是还存在你被障住而没有看清楚的地方，本身就是学习的机会。人与人之间真正的信任和默契也只有经过这样的过程才有可能真正建立。反过来讲，要想让别人了解自己，就要对自己的人设和丰富的心理活动保持觉察，尽量保持真实和开放，减少让别人理解自己的障碍。更为重要的是，带着别人一起成长，只有足够的心灵成长才能支撑人与人之间动态持续和不断深入的美好关系。

自己眼中的自己：习惯、本能与认知失调

遇到一个懂自己的人并不容易，而我们又真正懂自己吗？理论上讲，只有我们自己跟自己二十四小时在一起，事实上，我们却并不一定真正了解自己。

从生命的物质和精神构成来讲，如果没有足够的时间、精力投入和方法训练，我们对于自己肉体的认识基本上是模糊不清的，大致只有生病和不生病的感受上的差异。甚至因为我们对于肉体感知力的降低，接收身体变化信号的敏锐度越来越弱，导致一个伤及根本的重病在自己的身体里经过了长期的发展过程却浑然不知，只有靠体检才能知道。生病之后，究竟病因是什么？不同检测指标的波动组合在一起意味着什么？当不同医生的判断存在出入的时候如何选择？在类似问题上，人们大多都是被动的。"平时对身体不敏感，小病习以为常，一旦生了大病又有可能过度治疗"成为大多数人的常态。至于肉体层面朝着通透、软、暖和空的方向持续发展而存在丰富的品质层次，对绝大多数人而言，都只是个概念、可能性或者传说而已。

除了对肉体不敏感以外，人们对于"我"的认识也并不如想象中清楚。虽然睁开眼睛以后的生活都是"我"的反应

和选择，但是"我"要么受到过往习惯的支配，要么受到外部环境的影响，这些在本质上都是一种本能的反应。而且人们会在与外部世界的互动过程中不断增加和强化心灵里面的种子信息，甚至会出现自我之间的冲突和分裂，形成一个分散的、零乱的"我"，很容易受到外在标准、社会潮流、他人要求的影响，因为外部环境的波动和各种信息的干扰而心灵跌宕，甚至不堪重负。面对同一个人或者同一件事情，今天这个想法，明天那个念头，因为这个念头联想到另外一个人，再想到另外一件事，然后再跳到未来的一种可能。念念相续、流转不已，似乎毫无逻辑，却无形当中占据着一个人的时间、精力，支配着一个人的判断和选择。

除了习惯和外部环境的影响以及本能的支配以外，我们对自己的认识还容易受到"解决认知失调能力"的影响。"认知失调"的概念来源于心理学，指一个人的行为与自己先前一贯的自我认知（通常是正面的、积极的自我）出现分歧时而产生的不舒适感、不愉快的感受。认知失调理论强调冲突和不一致是认知发展的原动力，强迫心灵去寻求或发现新的认识或思想，从而修订和放大过往的认知，降低认知冲突的程度。实际上，如果没有刻意的训练，大多数人都是反向解决认知失调的高手，很快会为自己的行为做出一个合理化的解释，即便出现冲突也习惯性地归因于外部。人们往往不会去做自己明明认为不对的事情，然而复杂的事情往往没有简单的对错，合理化自己的选择或行为的所谓"逻辑自洽"的能力越应用娴熟，越不容易觉察，尤其是在自己平日里擅长的领域。所以，大家都活在"主观的正确"里，而认识不到"客观的错误"。人与人之间出现分歧时，通常都是主观上"对"与"对"的争论，而不是客观上的对与错的矛盾。

诺贝尔经济学奖得主丹尼尔·卡尼曼在其最新著作《噪声》中讲到人们在决策中的"噪声"问题，"噪声会让人们的判断出现随机的误差，这种影响是不可预测的，哪里有决策，哪里就有噪声"。噪声包括水平噪声、模式噪声和情境噪声，水平噪声大体是指一个人的判断结果跟平均水平之间的差异，模式噪声大体是指一个人的某种特定的倾向对决策造成的影响，情境噪声则主要是指在一个人做出决策的当下情境中的干扰因素，包括个人的心情、压力和疲劳状况等。卡尼曼进一步提到了噪声来源的复杂性，指出"每个人遇到的噪声，受到各自背景、生活经历和价值观等因素的影响，甚至有的是完全随机、毫无来由的"。实际上所谓的"噪声干扰"就体现在"我"对外部世界做反应的特点和模式里，既包括大脑一边学习一边形成的认识轨道和屏障，也包括心灵在经历当中所留下的种子信息与痕迹。解决问题的原点一定是自我觉察和自我开发，在学习的过程中跨越学习的障碍，对作为学习载体的人体的开发必须与提升应用水平的学习同步。

如果一个人从当下的自我认识开始，尝试觉察自己的心灵反应特征，通过方法的训练，超越和剥离掉心灵过往痕迹的影响，试图找到"我为什么会有这样的反应"的答案，就会一直努力寻找所谓的"真我"；或者一个人有某个明确而强烈的追求，长时间专注在某个专业或者事业领域里，则会反过来基于目标实现的需要而不断突破自己。两种情况下，个人都有可能超越惯性和减少外部环境的影响，形成一个相对稳定的、统一的"我"。这样的"我"的情绪和行为会相对稳定，具有一贯性，精神有聚集和抗干扰的能力，这既是一个人成熟的标志，也是其能够持续成长的基础。

当我们向别人介绍自己的时候，往往会讲到自己的性格特征、特长、偏好、缺点之类，一个潜在的假设是"我就是这样一个人"。譬如个性鲜明的人会认为"我天生就是这样的人"，实际上，哪怕是天赋，也只是"我"的一个特点而已。认识自己的过程不是为了接受现状和强化边界，而是为了寻找"我为什么是现在这样"的答案和探索"我有可能会成为什么样"。

人格类型

分类依据：关注点、力量与层次

人格主要指一个人的精神特质，是一个人丰富的"我"所呈现的特点的总体概括，也是生命构成当中主体存在的特征。因为一个人所有的外在表现都是主体作用的结果，所以，基于主体特征所划分的人格类型能够体现人与人之间更为根本的差异。人际交往中的所谓"同气相求"，也主要源于内在人格的相似与一致性。

从主体的呈现特征上讲，主要有三个维度上的差异，包括"关注点的内外不同""力量感的强弱有别"和"层次的高低（深浅）之分"。"关注点的内外不同"主要是指主体关注点的方向，也是指注意力的落脚点，一般会有"向外"和"向内"的差异。"关注点向外"的人往往对自己的身心不太敏感，更在意外部获取、外在的证明、他人的目光和对他人的觉察，更容易与别人相比较，更在意社会主流的评价标准。因为更注重社会身份与成就的证明，与外面社会的融入感更强。相比而言，"关注点向内"的人对自己的身心感受更为敏感，注重对自我存在意义和精神世界的探索，社会风尚和流行标准对这些人而言影响相对比较小，他们不太容易盲目从众，但也容易因保持与社会和他人的距离而存在不同程度的"游离"。

"力量感的强弱有别"是主体力量感的差异，体现的是一个人有没有独立的自我意识、精神的承受力、担当和抗压的能力，也体现为心力和心气的大小。心力弱的人，跟身体上弱不禁风的感觉差不多，遇到稍微大一点的问题，就容易感到压力，没有勇气面对，怯生生的，就好像有一块重重的板子压在自己心上，没有力气去承受。心力强的人遇到比较大的问题时，也会感觉到压力，但因为习惯了承受和承担，哪怕是硬扛也会去面对。正是在这样的过程中，心力练得越来越强。

"层次的高低（深浅）之分"主要是指一个人主体层次的差别，呈现出来的往往是一个人的底气、洞察本质的能力、智慧的水平、人生追求和境界的高低。主体层次高的人，面对复杂问题的时候更加沉稳和从容，更侧重于超越自我的精神追求，会倾向于坚信"公平、正义、和谐""人类命运共同体"和"众生平等"等积极价值，要么追求超越自我的社会贡献，要么追问生命存在的终极意义，探究生命实相，追求终极解脱。层次比较低的人，则更为现实和自我，更关注自我此生的现实拥有和回报，要么物质方面的欲望相对强烈，要么在精神层面更关注自我的存在感、荣誉感和成就感。层次高的人的人格本底会让人感觉更为干净和开阔，层次低的人则容易让人感到混浊和狭隘。

八种人格类型

从人们精神气质的角度出发，根据主体呈现特征在三个维度——"关注点的内外""力量感的强弱"和"层次的高低"——上的差异，可以划分出八种不同的人格类型（如表 2-1 所示），都是比较常见的类型。人与人之间在三个维度上的分类是程度上的差异，比如，一个人跟另外一个人相比，主体的力量比较弱，但跟第三个人相比，有可能是较强的。所以，八种人格类型是一种相对的分类，而不是绝对的标准。

表 2-1　八种人格类型

力量感	层次	关注点	
		向外	向内
力量感弱	层次低	①软弱的依附和无法对等的幽怨：没有自我、精神寄生	②无力的拘谨和未经绽放的花朵：羸弱而敏感、自信不足
	层次高	③精神的虚荣和求而不得的失落：理想与现实的冲突、虚伪的高尚	④孤单的清高和无力实现的理想：曲高和寡的清高、害怕沾染的隔离
力量感强	层次低	⑤外在的证明和充填不满的欲望：身份荣耀、欲望裹挟	⑥深度的虚无和无处安放的自我：精神追问的深度虚无、游戏人生的释放感
	层次高	⑦强势的掌控和挥之不去的孤独：强大的自我、冷硬的外壳	⑧道德的优越和佛魔同体的我相：优秀的强势、精神的优越

　　第一种类型，"力量感弱／关注点向外／层次低"，这种类型的人的典型特征可以概括为"软弱的依附和无法对等的幽怨"。他们比较在意外在的存在，比如社会角色、身份、他人的眼光和感情等，并且容易"执着"甚至"执迷"。如果得不到或者失去外在的支柱，会受到很大的冲击，甚至有崩溃的可能。再加上自我感比较弱，会处于一种精神上依附或者寄生的状态。处于这样状态的人，会觉得自己为了"所求"可以付出所有，却正是因为如此，往往很难得到预期的回应或是回报，反而更容易失去，因此更容易感到委屈，产生幽怨。比如，一个人特别怕失去一个职位，又因为心力比较弱，不能在承担压力中持续成长，于是，总是担心别人会替代自己，

进而对他人心怀提防，对一些不必要的信息又格外敏感，结果就更容易失去这个职位。再比如，一个人完全为了另外一个人活着，注意力全在另一个人身上，任何时候对方有需要，自己都会竭尽所能地满足。一方面，对方不见得需要这样的付出，不见得愿意接受这样的关系；另一方面，人与人之间的关系是发展变化的，如果两个人的成长不同步，落差变大，就算心里只有对方一个人，成天只关注这个人，也没有能力真正理解对方。不了解对方真正需要的付出，反而有可能给对方带来干扰，增加对方的负担，尤其是"想要得到对等回报的愿望"和"得不到的幽怨"更会给对方造成压迫感。

第二种类型，"力量感弱／关注点向内／层次低"，这种类型的人的典型特征可以概括为"无力的拘谨和未经绽放的花朵"。这类人关注点向内，对自己的身心反应比较敏感，拥有基本的自我意识，不会对外在的事物或者人产生依附或者执迷，但因为软弱而很容易被外界干扰。一方面需要现实的存在感；另一方面心力比较弱，自信心不足，承受力不够。在面对外部世界时，既想要追求，又比较怯懦和拘谨，遇到问题本能地向后退缩。就像是一朵花，有盛开的愿望却没有绽放的能力。除了对自己敏感以外，对外面的信号也往往会比较敏感，容易产生成长和发展的焦虑。在没有达到预期的情况下，又会自我怀疑和否定。于是，容易陷入"努力却把自己变得羸弱"的恶性循环当中：因为渴望成长而焦虑，焦虑导致心力更弱，纠结缠绕而无法专注，成长效率更低，于是更加羸弱而焦虑。

第三种类型，"力量感弱／关注点向外／层次高"，这种类型的人的典型特征可以概括为"精神的虚荣和求而不得的失落"。这类人的主体层次较高，意味着他们有对于内在人格升级的追求，而这样的追求本质上还是为了获得外在的证明和拥有。其内求是为了外求，只是这样的外求更侧重于精神的认可和荣誉，同时又不希望、不愿意承认或者意识不到自己是这样。自认为一个内在人格高大的人应该不在乎外在的回报和荣誉，但自己的心里却明明还有渴望，还放不下，同时又很在意和享受被别人认为自己是个品性高洁的人。这种典型的精神虚荣在没有获得预期的外在认可和待遇时，就会产生求而不得的失落感。明明希望获得别人的回报和认可却碍于"高尚人格的人设"而不好意思和不方便直言，又没有足够的心力去面对，就常常会有难言之隐和内外冲突的无奈感。

第四种类型，"力量感弱／关注点向内／层次高"，这种类型的人的典型特征可以概括为"孤单的清高和无力实现的理想"。这类人对自己的身心状态比较敏感，更注重自身能力的成长和内在自我的探索，追求和享受精神世界的丰富与广袤。因为沉浸于精神世界的探索而不太在乎和关注外面世界的认可和外部获取，受到物质欲望和情感执着方面的干扰比较小，但力量有限，绽放得不够。对他人的影响力有限，反而会因为感受到他人身上的杂念而容易保持距离感，给人高冷和清高的感受和印象。虽然有时候也希望能够影响和帮助他人，能够分享自己对于人生意义和价值的体会，却曲高和寡。因为力量有限而有一种无力承担理想的柔弱与无力感。

第五种类型，"力量感强 / 关注点向外 / 层次低"，这种类型的人的典型特征可以概括为"外在的证明和充填不满的欲望"。这类人因为渴望成功而锻炼出了强大的承受力，因为有不怕挫折和打击的承受力而让成功有了可能，因为外在的拥有（包括财富、职位、身份、资源、人际关系等）而获得了强烈的存在感和成就感，享受拥有给自己带来的生活状态。同时，因为对自己的身心状态不敏感，身体容易消耗过度。这种类型的人把"成功"更多归因于自己的聪明能干并且以成败论英雄，倾向于用外在拥有定义一个人的能力和优秀程度，及评判一个人的价值大小。因为自己对物质的欲望和追求更为强烈，对他人的精神需要不太容易理解。因为享受"成功"，享受物质的丰富和身份的荣耀，所以，会因机会的诱惑而放大对成功的渴望，因为环境波动的威胁而增加可能失去的恐惧，于是让自己处于一种"停不下来的状态"，一直追求拥有，想要拥有更多，只有这样才能证明和维持自己的"成功"。

第六种类型，"力量感强／关注点向内／层次低"，这种类型的人的典型特征可以概括为"深度的虚无和无处安放的自我"。这类人通常拥有比较强的专注力和承受力，或者在某个领域有优秀的专业能力，甚至是比较明显的天赋。虽然有能力获得外在的成功和认可，但却更关注自我的内在价值与意义，认为人生的真正意义并不在于外在拥有。对于外在成就的追求，不在于物质拥有的享受感，更多是一种精神的愉悦感，但又不太容易持续。因为关于人生意义的精神追问而容易对现实生活感到无聊和产生深度的空虚感。因为在精神世界里找不到答案而有一种无处安放的虚无感和无根的飘浮感，面对现实人生时反而有一种游戏人生的松弛和释放感。因为天赋、专注而松弛，所以更容易成功；因为成功，所以更加剧了心灵深处的虚无感。概括地讲，一个人的精神的归宿或者通往归宿的笃定的方向尚未找到，却已经在获得了外在成功的同时超越了物质拥有的存在感和成就感。

第七种类型，"力量感强／关注点向外／层次高"，这种类型的人的典型特征可以概括为"强势的掌控和挥之不去的孤独"。这类人习惯了凡事面对和担当，有比较强的成就动力和事业心，追求事功意义的成就和成功。因为拥有超越个体的社会责任感和不同程度的家国情怀，在相关领域取得了一定的成就，塑造了他人眼中强大、值得信赖和依靠的形象。因为关注点向外，虽然可能对环境和他人有比较敏锐的觉察，但对自己的身体变化却很不敏感，心里的感受和波动要么不敏感，要么会因为外在承担的需要而习惯性压制。在心里形成一个强大的外壳，平日里都是基于这个外壳去应对外面的世界，去承担和承受。只有在一个人面对自己的时候，外壳才会放松，暴露出压制在里面的脆弱和对温暖的需要与渴望。平时让别人看到的多半都是自己的外壳，因为强大、坚韧、冷硬而让人有距离感，只要靠近就会有压迫感。这样的人更容易有一种挥之不去的孤独感，身边都是需要自己的人、依靠自己的人，很难有真正懂自己、能够安慰和温暖自己的人。正是因为精神世界的孤单和对于理解与共鸣的渴望，这样的人往往很看重人与人之间的情意，尤其是同类人之间的相互理解。

第八种类型，"力量感强／关注点向内／层次高"，这种类型的人的典型特征可以概括为"道德的优越和佛魔同体的我相"。他们不仅有能力取得事业上的成就，而且关注自身能力的成长和精神世界的成就感。对他们而言，优秀是一种习惯，成功的持续和放大不是为了物质获取，不是为了外在证明，而是一个人足够优秀的自然结果，是对自己持续保持优秀的检验。这类人更在乎自我的内在认可，致力于超越个体的社会价值的践行和坚守。与此同时，在持续获得成就的过程中，尤其是在对正向的、正义的事情的承担过程中，他们会因为优秀而呈现出一种更为理所当然、不由分说的强势。因为对他人和社会的无私贡献的努力而在潜移默化中建立的道德上和精神上的优越感，不仅会给他们所承担的事情带来瓶颈，还会成为自己持续进步的障碍，并且更加难以觉察。所谓"佛魔同体"是个大体的比喻，"佛"和"魔"都代表着能力超强的存在，在不断接近究竟智慧的过程中，到底是"佛"还是"魔"往往就在一念之间，区别就在于后者的"我相"越来越强。能力越强的人，越是聪明和优秀的人，优秀本身也会变成障碍，就好比长得越高的人，影子通常也会越长。"成也萧何，败也萧何"，当优秀成为一种习惯时，它反而是我们需要格外提防的"萧何"。因为优秀很容易成为一个人紧紧依存的优越感，甚至演变成自己在本能中持续追求和不断叠加的安全感：一定比别人拥有更多，比别人知道更多，学什么都要比别人更快，不怎么努力也能轻而易举地超过别人，天生就要比别人更有天赋。当优秀的定义无法依托究竟，便会成为更大的障碍。因为优秀的牢笼从来都带着被称赞的面容，让越来越多的人心甘情愿地做它的困兽。

如前文所述，"建立自我"是追求自我完善的前提。主体力量足够强意味着自我意识的相对明确，至少有了"我"作为一个独立人格的存在感。因此，作为一个成年人，主体能力的增强是其独立面对社会生活和承担社会责任的基础，也是成熟的重要标志。如果一个人的自我感没有建立起来，关注点向外就容易精神依附，向内则容易封闭、羸弱和纠结。与此同时，一个自我感比较弱的人，心灵层次虽然与他人相比存在差异，但层次的提升几乎没有可能。而对于主体力量相对强的人而言，关注点向外意味着对外在拥有、外部证明和事功意义上成功的追求，层次偏低的人更容易被物质层面的拥有所吸引，层次偏高的人则更为在意精神层面的成就感和掌控感；关注点向内意味着对自己身心感受的相对敏感，关注对自我存在意义和价值的追问，在此基础上，层次偏低的人更关注自我存在感和意义感的满足，层次偏高的人则注重超越个人的社会价值的追求与承担，但因为"我"的能力

　　⊖ 究竟：了义、无上、至极、终极、到头了的意思。例如，书中多次出现的"究竟的根""生命的究竟"，二者均指生命实相、真相、宇宙真理。

在变强，自我感也会被不断放大，成为追求无我（层次升级）的道路上更强的、更难以觉察的障碍。

以上八种人格类型虽然各有各的特点，但在精神生命的升华和"我"的内在成长方面都还存在上升空间。换句话讲，都属于尚未发展圆满的人格，距离"圣人"还有不同程度的障碍和距离。所谓"圣人"的状态，用中国传统文化的表达来讲，就是能够"格物、致知、诚意、正心、修身、齐家、治国、平天下"而走上"内圣外王"道路的人。这样的人的关注点是内外兼顾、内外贯通的，力量感强的同时层次也是高远和深邃的，不断接近生命实相并且最终能够与精神生命的根相连。当然，所谓圆满往往是个渐进的过程，内圣外王也有程度的差异和不断接近的过程。生命是鲜活的，成长是没有尽头的。所以，认识自己的本质目的是更为高效地学习，从了解真实的自己出发，打通内圣外王的成长通路。

"我"的开发

学习的层次

一切生命活动的开展本质上都是"我"的应用，学习自然也包含其中。如果我们没有主动有意识地在生命活动过程中进行自我的开发，那么，"我"基于应用的自然成长，会带来学习层次的差异，甚至还会制造对"我"的开发的障碍。

首先，生活的开展需要基本的常识。比如，疫苗对细菌和病毒有抵御作用，一氧化碳有毒，硫酸有腐蚀作用等。理论上讲，人们对常识的了解，有利于降低风险和做出更优的选择。事实上，如果缺乏基本科学素养的训练，看起来理性的选择和判断并不会因为知识获取的便利而更容易做出。比如，定期的全面体检有利于较早发现疾病和影响健康的危险因素，但拿到全面检测的指标结果时，如果不同位置的指标都超出了标准区间，意味着会有怎样的疾病风险？这既需要医生长期临床经验的判断，同时也存在概率问题。具体到每个个体的时候，很难有完全确定的结论。检查结果更重要的是给我们一个提醒和参考，而不是一个确定的结论和保障。只要指标没问题就意味着完全健康？就可以继续对身体完全不关注和不敏感？实际上，重大疾病的形成往往会经历长时间的发展，有一个量变引发质变的过程。许多亚健康的状态从体检的结果上并没有显著的问题表现，却很可能已经是疾病快速发展的提醒。所以，才会有这样的情况出现：前一年体检的时候还没有问题，第二年体检就确诊了癌症晚期。

再比如，某个地区因为疫苗质量出现问题导致几十个小孩子出现严重不良反应，进而引发了社会普遍关注，这并不意味着其他地区的其他疫苗都普遍存在问题，人们更不能因此而否定定期疫苗接种所起到的重大防护作用。一个小孩从出生到三岁之间定期接种不同的疫苗是经过专家大量反复研究和论证的方案，杜绝了许多重大疾病的发生，整体上大幅降低了儿童的死亡率。因为一个局部的恶性事件导致许多家长如同惊弓之鸟而不敢让小孩接种疫苗，假想中的风险看似避免了，实际上会给小孩带来更实质性的风险。这就属于"因为心理因素而夸大了局部事件的影响，从而失去理性判断，甚至引发不理性行为"的典型案例。

又比如，医学临床研究表明，不同的癌症在术后五年的死亡率存在比较大的差异。但实际上，具体到某一个病人的时候，他要么死亡要么存活，不是概率而是全部，并且存在主客观条件的影响。客观条件主要是指外在的治疗条件，比如，能不能找到医术很高的医生一直调理，有没有足够的物质基础支撑治疗的费用等。主观条件则主要是一个人"我"的判断、选择和心理状态对疾病发展的影响。因为死亡率高而心存恐惧或者因为死亡率低而放松对身体的关注，都会影响术后的身体恢复。

对于生活中的许多所谓常识，包括许多科学的研究成果，都存在统计数据的有效性和概率问题，可以作为我们决策的主要参考依据，但不等于绝对确定的结果。而且每个人的选择还存在各自的条件限制，我们只能在自己条件允许的范围之内做出最优的选择，而我们自身当下的能力、水平和判断力也是关键的限制条件。选择不见得就一定能带来预期的结果，关键就在于，不能因为有了外在的参考依据就省去自己用心思考和判断的过程，能力本身就是只有通过这样的过程才有可能逐渐得到提升。每一次比较重要的人生选择，就是最好的训练自己理性判断和选择的机会。在自己的条件范围内尽量做出最优的选择，接受自己选择的结果，就是学习的过程。自己不主动承担选择的责任（实际上完全相信专家的结论和别人的建议，也是一种选择），出了问题就责怪别人，不仅不利于事情获得良好的结果，自己在过程中也始终没有进步和成长。客观、如实、保持开放而不是封闭、武断，理性判断而不是轻信盲从，这样的科学素养是在获取知识的过程中最需要训练的能力。

其次，人们在工作的过程中往往需要掌握专业理论、工具和方法等。专业理论意味着基本逻辑和规律，而逻辑和规律需要应用者在各种情境中完成应对、检验和放大，从而转化为自己真正的能力。工具和方法通常是为了解决相应的问题，反过来，因为问题在不同情境下的呈现是变化的、多样的，基于问题解决的需要，对工具和方法的使用是需要灵活变通的。从这个意义上讲，"知道"并不等于"会用"。用的能力需要在用的过程中得到训练，在这个过程中专业理论、工具、方法才能变成自己灵活展现的能力。比如，一个取得卓越成绩的知名公司在长期的管理实践过程中开发了一套干部选拔的素质模型和评估工具。素质模型由几个维度构成，每个维度都做了 1 分到 5 分的详细定义，有效支撑了公司的干部评估和培养工作。另外一家公司看到这个素质模型的定义时，感觉已经非常清晰、准确和完整了，但用了几次之后却感觉"非常不好用"，针对同一个人的评估，不同评估者给出的结果差异很大，大家对于每一个维度和每一个刻度定义的理解都存在不同程度的偏差。于是，就觉得应该换一套工具。实际上，问题的关键不是工具不好用，而是使用工具的能力不行。这套工具之所以在另外一家企业非常好用，是因为工具是人家为了解决干部评估问题而在长期大量的实践过程中逐渐开发并不断完善出来的。这个长期努力的过程不仅仅包含了工具的逐渐成形和完善，还包括大家在反复使用和优化过程中"用"的能力的训练。我们看到的是各个维度的文字描述和刻度定义，实际上，更为重要的是，人们对于这些描述在认知上的统一，对于刻度之间区分度的"手感"的统一。否则，再详细具体的文字描述，也无法避免人们基于各自理解的差异化解读。这就好比一把上品宝剑，没有功夫手感的人是无法发挥其价值的。不始终围绕着本质问题的解决让工具、方法为我所用，反而会把工具变成束缚，并强化自己错误的认知。

再次，人们总在工作生活的过程中积累着经验，如果经验不能保持开放和进行基于规律的提炼，就容易固化和僵化，变成教条主义和简单重复，成为一个人进步的障碍。环境总在变化，即便是面对同样的问题，过往的经验也只是问题解决方法的一种。需要随时追问自己，有没有其他的选择，既包括引发问题出现的因素是否有其他可能，也包括问题的解决方法有没有其他更好的选择。复杂问题的解决往往都需要一个过程，解决思路和方案定义了我们要到达的终点，而从当下到终点之间的道路，需要一步一步地走通，方案执行过程中的持续观测、检验并做出及时调整，就是"把路走通"的过程。尤其是出现新事物的时候，需要格外重视，思考它对于企业经营发展的意义，形成逻辑上可行的假设，探索实现的路径，把逻辑上可行的链路真正跑通，在企业的业务逻辑和管理系统当中打通一条新的道路。

比如，直播带货出现的时候，对于企业而言，是多了一个新的销售渠道还是品牌传播的窗口？目前直播带货领域存在哪些问题？未来的发展趋势是怎样的？为了实现不同的功能，让谁直播？选择什么平台直播？什么时点直播？如何选货？如何定价？供应链如何保障？如何综合检验一场直播的效果？效果是否可重复与可放大？在开始运行的第一个阶段，最重要的是针对以上问题进行实验和经验沉淀。打通直播这项工作的完整链路并与最终结果之间形成相对稳定的因果关系，才说明企业有能力驾驭新机会。反过来，如果想当然地认为短视频平台和直播只是增加了新的销售渠道，在不改变组织架构、流程和供应链模式的情况下，相当于只是在销售前端增设一个窗口，并且只关注每一次卖货的结果，结果不稳定时只做简单的表象归因，就相当于"喊着新口号走老路""让新事物在老轨道中运行"，效果显然是可想而知的。

最后，经典阅读和在能量场中的浸泡与熏染，也是经常会用到的方式。许多人都曾尝试通过阅读经典，跟人格底蕴深厚的师长在一起，或者参加专业老师、教练组织的领导力及身心灵工作坊等方式让自己更深地放松，内心获得能量补充。无论是经过时空检验而沉淀下来的经典作品、人格底蕴深厚的师长，还是专业教练所营造的自我面对的学习场，如果一个人能够尝试着真诚地融入，让自己放松在其中，就相当于接受比自己更高能的能量场的熏染并浸泡其中，通常就会明显感受到身心状态的改善。但如果在以上情境当中，一个人只是关注和享受状态改变的舒服感，而没有尝试去觉察改变究竟是怎样发生的，一旦回到自己的日常工作或生活中，状态的改变往往就很难持续。这在本质上仍然属于依靠外力的方式，并且可能会产生依赖感，自己并不能做主。与此同时，经典也好，老师也好，课程也好，分门别类，非常丰富，关于"是否适合自己，是否存在风险，究竟给自己带来了怎样的帮助，是否符合自己追求的方向"等问题也需要自己去判断。

总体而言，知识（包括常识）的获取可以训练一个人的理性判断力；专业理论、工具、方法的应用过程可以训练一个人寻找规律、打通实际运行路径的能力；经典的反复和深度阅读，可以见证自己的进步；借助于场的力量感受自己的变化，有利于训练对自己身心的觉察力。所有这些方式能否奏效，关键取决于我们能否在过程中有意识地觉察、认识和升级自己。否则，"我"的应用的过程非但不一定带来"我"的进步，往往还会伴随着认知固化、经验重复、能力瓶颈和身心负荷越来越沉重之类的障碍。这就导致，明明很努力地工作和生活，却在工作和生活中变得越来越被动，永远跟不上变化的需要。

学习的本质

所有的学习都是"我"在学习，学什么、用什么方式学、什么时间学等都是"我"的选择，究竟学会了什么、能不能学以致用、能不能举一反三等也取决于"我"的消化、吸收和呈现。理论上讲，成年人跟小孩子相比，在学习的事情上拥有更多的自主性，因为他们对自我有更清晰的认识，能够对自己的选择负责。事实却并不一定如此，如果一个成年人不能建立明确的学习目标、没有强烈的学习动力，学习就会变成"散乱的我"的一个呈现，选择随意，转变和放弃也比较随意。即便学习看似已经成为一个人的习惯，投入了大量时间，往往也流于形式，甚至潜藏着各种自我的学习障碍。

所谓"自我的学习障碍"主要是指因为追求"我"的某种美好感受或者为了抗拒"我"的某种不舒服感而学习，"我"因为感受的牵引而没有办法集中投入到学习当中，或者因为不切实际的追求而学习，导致学习流于形式。举几个常见的情况为例。

第一种情况，学习是为了追求充实感。一个习惯了繁忙、习惯了时间被各种事情填满的人，一旦空闲下来，就害怕时间虚度，就想着应该学习。明明可能已经很累了，注意力并不能集中，却硬着头皮去看书，效果自然不会好。而一旦有其他事情，学习的事情也就暂时搁下了。

第二种情况，学习是为了逃避当下的问题。工作或者生活中遇到问题或者不如意，又无力面对和解决，看似试图通过学习改变现状，却没有明确的目标和时间规划，实际上只是为了回避当下的问题而已。

第三种情况，学习只是为了获取谈资。因为羡慕别人博学或者为了显示自己文化积累深厚，学习和阅读只是为了积累与他人交流时的谈资，抱有这种学习目的的人更关注社会上比较流行的话题，学习的内容很可能并不是自己真正感兴趣和擅长的，白白浪费了时间却并不能带来实质上的进步。

第四种情况，学习为了外在证明与背景装饰。为了证明自己的实力，花了大量时间和精力考取了一些证书，参与和通过了一些知名的学习项目，但因为缺乏清晰的职业规划，学习和考试也不是基于自身能力开发的需要，所以，看似背景光鲜，却并不能在实践工作中表现出应有的能力。

第五种情况，学习是为了找到捷径。比如，学习知名企业的成功经验，潜在的假设是，成功是有诀窍的，只要借鉴别人的经验，我们也能快速成功。于是，在没有系统深入研究的前提下，简单粗暴地应用别人开发和使用的工具方法，不顾应用的情境和条件，相当于在自己原有的系统上打了许多形式化的补丁，不仅不利于自身系统的运行，还会导致不同程度的"真气紊乱"。实际上，一个企业的持续成功和发展，是多种复杂因素综合作用的结果。在所有的因素当中，时空不可重复，企业的创始团队也不可复制。学习不是局部工具方法的借鉴，而在于建立和强化对企业成长基本规律的把握。从基本逻辑和规律上讲，诸如"持续创新、追求卓越、长期主义"等支撑公司长期发展的原则，看似并没有什么特别，但难就难在真正做到，将这些原则在自己的企业中真正地贯彻，内化成组织的基因。一旦能够做到，可持续的成功就会成为自然而然的结果。过程当中的工具方法是可以根据需要随时创造的，是灵活的而不是僵化的。

第六种情况，东施效颦般地学习标杆人物。这种情况跟第五种情况有类似的部分。想成为标杆人物一样的人，于是观察标杆人物的言行表现，记录下来，仿照标杆人物的行为要求自己做到。实际做的过程当中，一方面自己很难长期坚持，心里总有勉强，另一方面，别人看着也觉得别扭，效果也大打折扣。标杆人物和普通人之间，最根本的区别是内在心智的差异，是世界观、价值观和人生观的不同，外在的言行是各自心灵的自然呈现，并没有任何刻意的部分。而一个人要想学习标杆人物，仅仅基于对标杆人物外在行为的观察而东施效颦般地模仿，是不可能实现的。只有把自己的心灵变成跟标杆人物一样，自己真正成为标杆人物，在面对外部环境的时候，一言一行的自然反应才是标杆人物标准的言行，不需要刻意。而要想真正成为标杆人物，就必须从认识真实的自己、持续提升自己的心智开始。

上述情况的发生，相当于"我"不能真正对学习这件事情负起责任。学习毕竟要投入时间和资源，究竟为什么学习？学习给自己带来了什么结果？如果"我"不能在学习的过程中始终心心念念地想着这些问题，注意力不能在一个方向上持续地凝聚，不能在"学习的投入"与"自身的改变"之间形成互动和检验关系，那么，"究竟学到了什么、需不需要调整方法、效果是否符合自己的预望"之类的问题就无从回答，学习的效率自然就很难保障。从这个角度讲，虽然应试学习存在一定的弊病，但考试也是让作为学习者的"我"能够在学习过程中高度集中和指向明确的一个比较容易的方法。

如前文所述，从认知方式上讲，人体功能的呈现大体可以分为三类：眼耳鼻舌身的基本功能、意识的思维功能和心识的觉察功能。学习本质上是对学习者能力的开发，即围绕人体三类功能的训练。因为每个人的人体都是特有的存在，开发的前提是认识和接受真实的个体，所以，学习也是为了让每一位学习者认识自己，成为更好的自己。从这个意义上讲，知识概念、逻辑模型、工具方法、专业技能、语言文字等，都是人体功能的体现，是人体与外部世界互动过程中的内容呈现，即"什么样的模子"决定着能够承载"什么样的内容"。

　　学习效率提升的关键在于：首先，我们需要在一件事情上长时间投入。熟能生巧，没有足够的练习，功能就不可能得到充分开发。比如，不经过长时间大量的练习，一个人不可能成为书法家、专业的舞者或者演奏家。思维能力不经过大量的逻辑训练就不可能得到提升，觉察力也是在长期持续的训练过程中才有可能得到提升的。其次，我们还需要实现精力在一个事情上的聚集和专注，持续地用心投入。除了时间投入以外，用心的能力决定着过程的效率。如果注意力不能集中，所有的行为都会变得僵化而缺了灵动，相当于在"我"被干扰而缺席的情况下，人体功能在本能地进行应对，效果显然是很有限的。比如，一个人的手在练习书法的时候，注意力却在走神，脑子或者心里在想着别的事情，字当然就无法写好。当然，人们通常都要经过从杂念干扰到慢慢能够集中注意力的过程，这本身也是长时间练习的另外一个意义所在。最后，学习某一内容是为了训练人体作为载体的功能，因此不能只关注内容本身，注意力的重心要放在"载体功能训练"上。比如，作为一个专业的组织管理人员，设计与实施一个企业的组织变革方案，是为了验证和放大自己认识组

织的思维框架、持续探索企业运行的基本规律，而不仅仅是
为了完成方案和推动事情顺利进展。

从每天醒来有意识的刹那开始，我们就投入在工作和生
活里。学习是工作、生活的一部分，如果能够将工作、生活
和学习融为一体，将载体的应用与升级同步，相当于睁开眼
睛的所有时刻都有了学习的意义，显然是最高效的学习。关
于如何将工作、生活和学习融为一体的话题，我们将在本书
的第五章中具体阐述。

第三章
我们与世界的关系

有无之间

存在的命题

　　有人曾经讲过，从人类文明的出发点看，人类从诞生的时候起，就有一种创造文明的机制，即"自发式解决人类的自身问题"。这种机制的前提是"对苦的逃避"和"对乐的追求"，这就是人类之所以成为人类，成为高级动物，而不同于其他低级动物的根本原因所在。如果没有烦恼，就没有痛苦可言，也就不会去追求快乐，这里的烦恼包括人类对世界、对生命的无知和困惑。而解除这些烦恼的方法的多样化、高级化和简易化、单纯化，正是人类与非人类的差异所在，也是人类文明与不文明的根本区别。所以，"解除烦恼"是人类文明的全部动力。

烦恼的产生源于人类存在的基本命题。国际公认的精神医学大师、存在主义疗法三大代表人物之一欧文·D.亚隆教授在其著作《存在主义心理治疗》中定义了四个终极问题，包括内心深处的孤独感、生活不如我们所愿的那样自由、生命的无意义感，以及不可避免的死亡。他认为人们生活中的所有痛苦基本都源自这四个方面的困扰。

对于死亡不可避免的现实，我们总是想方设法地进行否定或者逃避。个体和其他生命之间存在不可逾越的鸿沟，即使双方关系无比亲密，这种鸿沟也依然存在，并且这种关系是动态变化的，而非恒定不变的。许多人在生活中经常会面临这样的悖论：保持自我，容易让人产生孤独感，而消除孤独变成"我们"，又有可能会失去自我。

每个人都是自己人生的设计师。我们自由地选择自己的人生，却无法选择不自由。萨特曾经说过："我们被判处自由之刑。人是什么只是指他过去是什么，将来并未存在，现在是一个联系着过去和将来的否定，实际上是一个虚无。因此，人注定是自由的，自由是人的宿命，人必须自由地为自己做出一系列选择，正是在自由选择的过程中，人赋予对象以意义，但人必须对自己的所有选择承担全部责任。"当然，所有的选择都是时空节点下有限条件的选择，被动选择也是一种选择，所以，"不自由"只是一种感受，自由才是真相，我们在每天睁开眼睛的所有时间里，随时随地都在自己的选择里生活。

"人类是寻求意义的生物"，欧文·D.亚隆提到，生物学上，人类神经系统构造的方式会让大脑自主将刺激集合成各种结构。意义也能赋予人掌控力，在面临混乱或意外事件而感到困扰时，试着理出头绪，获得掌控感。更为重要的是，意义会塑造价值观和行为准则，当我们有了"为什么"这类问题（如"我们为什么活着"）的答案时，也就能够回答"怎样做"这类问题（如"我怎样活着"）了。概括地讲，只有关于"我为什么活着，活着有什么意义"的回答，才能让人们在面临"人生终有一死"的现实面前对抗"虚无感"，获得活下去的动力。著名心理学家维克多·埃米尔·弗兰克尔认为，人生的基本动力是寻求意义的意志。他发明的"意义疗法"是西方心理治疗领域的重要流派，不仅支撑他在第二次世界大战时期度过了集中营的艰难岁月，同时也帮助了集中营里的许多人。"意义疗法"认为死亡、痛苦、不确定性是人生的必然，只有通过忍受由此产生的焦虑和痛苦，并在与这些困难做斗争的过程中，才能体验到自己的存在。治疗的最终目的是唤起患者的责任感，使其彻底了解自己存在的意义和目的，对自己的生活道路有明确的方向。

关于人类存在的基本烦恼，佛家也有一套说法叫作人生八苦，包括生、老、病、死、怨憎会、爱别离、求不得和五阴炽盛之苦（由色、受、想、行、识五种因素组成，生灭变化无常，盛满各种身心痛苦）。人生基本命题和烦恼之所以产生，是因为一切有形的物质生命都存在于时空之内和有无之间。"物极必反，盛极必衰"主宰着世间有形存在的命运。一切有形的物质生命似乎都不可避免地在二元价值所定义的结果呈现之间轮回。有生就有死，有死才有生；合久必分，分久必合；今天失去，明天可能会拥有；今天得到，明天又可能失去；今天富强，明天可能贫穷；今天贫穷，明天就可能富强；今天落后，明天就有可能会先进。落后和失去往往能够点燃奋斗的动力，激发潜能，从而带来拥有；而一旦拥有，就容易产生怠惰，又导致新一轮的失去，这也是人的本性。

在所有的基本命题和烦恼之中，"不可避免的死亡"是一切的基础。所谓"生死事大，无常迅速"，生死是人生最大的苦根。古时候人们曾经试图通过丹道方术、神秘力量延续生命，随着现代科技的发展，生命在时空中的存在被放大。交通技术和航天技术的发展让人们能够到达的空间范围遍及陆面地球，并且抵达太空。茫茫宇宙里的探索从未停止，人类的平均寿命也随着时间和科技的发展得到了延长。

　　然而，向死而生是生命的本相，无论科技再怎么发展，也无法让物质生命的肉体避免死亡。"月有阴晴圆缺，人有悲欢离合"既是自然规律，也是基本的人间秩序。生命不仅包含了物质生命，还有精神生命。无论是亚隆教授所讲的四个终极问题，还是佛家所言的人生八苦，除了与生老病死有关的物质生命以外，其他部分都跟精神生命有关。自由、意义、孤独、爱憎、无常，既与主体的选择有关，也是主体升华的机缘和途径。虽然物质生命存在拐点和尽头，肉体的死亡不能避免，但生命的意义却依然可以得到安放，人仍然可以追求永恒，因为精神生命的发展只有起点，没有尽头。

精神与永恒

　　一个人的物质生命到了二十多岁就会发育完全，之后便会进入衰退期，直至死亡的来临。虽然科技进步、医学发展和精神的注入都会带来生命的延长，但人生百年，死亡终究不可避免。物质和精神相互影响，对于绝大多数人而言，这样的影响是被动的、自然发生的，并且是动态非均衡的。有人更关注物质生命的存在和拥有，有人则对物质欲求相对寡淡而更在意精神世界的喜怒哀乐。有人身心浑然一体，对"物质和精神构成"的说法感到陌生和抗拒，物质生命和精神生命的区分在自己的身心上不能建立真切的对应关系，对"主体""日用而不自知"。有人身心则相对分离，客观的身心被动追赶着精神的追求，也因为精神的欢喜和忧伤而被不同地对待。

然而，物质和精神在一个人生命中同时存在与相互影响却是客观现实，对一方的过度关注会造成一个人整体状态的不均衡。比如一个人可能身心总体健康，物质生活富足而安定，精神却有可能是相对空乏而无味的。一个人也可能精神世界非常丰富、五味杂陈、滋味沉厚，但身体却是相对僵硬和沉重的。最终，不被关注的一方会制衡另一方的发展，相互影响的结果决定着一个人生命的质量。理论上讲，精神占据着主导地位，因为所有的状态和结果都源于"我"的选择。

虽然自由和选择是生命的客观现实，但只要我们没有主动觉察训练，便只会活在一种本能的反应当中。所有的"选择"都是心灵印记驱动的自然反应，而心灵印记则收藏了我们从小到大所有经历当中的"在意"、父母（家庭）影响、社会教育以及先天因素的影响。一个人的内在就是包含了各种特有印记的心灵世界，这些印记就像是信息和种子，只要遇到外境便会生发，原有种子释放之后，又会沾染新的种子。如果我们没有在经历中完成心灵的成长，一个种子释放之后，往往会沾染更为强化的相似的种子，逐渐形成一个人身上比较强烈的性格特点或者心理模式，将其生活框定在由此所形成的边界之内。比如，一个女孩跟一个男孩相处时，因为缺乏安全感和害怕失去而习惯了迎合，注意力全部放在对方身上，小心翼翼地关照对方所有的需要。久而久之，男孩会因为对方的精神依附而感到沉重，承受不了的时候就想要逃离。女孩因此受到很大伤害，但如果女孩没有在人际关系中完成对自己的认识和自我的成长，即便换个人相处，也依然会重复同样的关系模式。

不自由和被动的感觉，源于对自己心灵没有觉察情况下的本能反应，喜怒哀乐悲恐惊不受自己控制。人们要么对于自己应对世界的本能反应不自知，要么有所觉察却无法用"给自己讲道理"的方式去解决。从这个意义上讲，真正的成长只能是内在的心灵成长，《大学》里讲"格物、致知、诚意、正心"，一定是"修身、齐家、治国、平天下"的基础。

精神生命的成长并不存在拐点。一个人拥有相对成熟的人格、建立相对明确的自我之后，如果开始向内求索，试图认识和超越自己，寻找关于"我为什么是这样"的答案，可以算是一个追求精神成长显著的起点，一旦开始，学习便没有止境。试想一下，尽管生老病死等人生的基本命题不可避免，但如果一个人在人生的所有经历中都能够提取精华，心灵的土壤就会变得无比丰厚而肥沃，精神会因为没有边界的成长而具有超越时空的影响，从而获得一种"永恒"的意义。中国文化里强调"浩气长存、精神不朽"，中国人的"人生不朽"有三，即"立德、立功、立言"，就是强调人要活在别人的心里。

中国人一直都是乐生、爱生和贵生的。老百姓的俗话也讲"好死不如赖活着"。正如辜鸿铭先生所言："真正的中国人就是有着赤子之心和成年人的智慧、过着心灵生活的这样一种人。……民族精神不朽的秘密就是中国人的心灵和理智的完美谐和。"肉体的生命虽然终有一死，但借助"生"的过程可以完成精神的升华，让精神生命得以不朽。中国人的传承也更强调精神的传承，精神的最高标准是"道"，无论时代如何变迁，社会安定还是动荡，"道"的安放、弘扬和传承才是所有"士"人的最高责任和使命。

熊十力先生也曾经讲过："人必有真实志愿，方能把握其身心，充实其生活。"儒家强调"立志"，实际上是一种精神的挺立与提升。所谓"立德、立功、立言"，意味着儒者的生命志向既有超越自我的社会担当，也有超越现实的历史传承。无论是范仲淹的"先天下之忧而忧，后天下之乐而乐"，还是张载的"为天地立心，为生民立命，为往圣继绝学，为万世开太平"，抑或是文天祥的"人生自古谁无死，留取丹心照汗青"，一旦一个人的精神志向可以与天地共存、与日月同辉、与圣人比肩，把自己作为历史长河、浩瀚星空中的一个存在，人生的格局和图景就会变得广袤而深远，足以抵抗现实生活里所有无常的苦难与颠沛流离。一切现世生活中的磨砺和困苦，都只是帮助我们靠近和抵达精神归宿的垫脚石而已。

生活的持续需要物质基础，人生的幸福更取决于精神的成长与升华。物质因为获得而拥有，但因为人的物质生命存在尽头，一切外在拥有在获得的同时就注定了失去，同时因为习惯了拥有，反而会让人越来越在意和害怕失去。物质的拥有看似让人们获得了某种安全感，但因为这种安全感"付诸外在"，必然会因为无常的变化而引发一个人更深度的不安全感。更进一步讲，物质富足与生活安定看似带给许多人渴望中的"岁月静好"，却很可能使人丧失精神磨砺与成长的机会，让一个人的精神世界变得松垮、懈怠、贫瘠和平淡乏味，生命因为少了精神的滋养而缺乏生生不息的生机与流水不腐的鲜活。也许，这也正是存在主义所谓的"拥有即是被拥有"的意义所在。

精神因为升华而获得真正的自由。一个人可以被剥夺和丧失一切，唯有精神和意志不可分割。精神生命的浇灌和生长，让一个人的内在茁壮成长，跨越时空而没有尽头。中国传统文化所强调的"生命学问"的核心，便是强调个人和民族尽性的精神生命的开化和人格成就的抵达。牟宗三先生曾经讲过："个人的尽性与民族的尽性，皆是'生命'上的事。如果'生命'糊涂了，'生命'的途径迷失了，则未有不陷于颠倒错乱者。生命途径的豁朗是在生命的清醒中，这需要我们随时注意与警觉来重视生命的学问。如果我们的意识不向这里贯注，则生命领域便愈荒凉暗淡。久之，便成漆黑一团了。"

内外之间

内外的相对性

如果说"有无之间"定义了我们与世界在时间维度上的关系，"内外之间"则体现了空间和社会、心理意义上的远近关系。内外总是相对的，与空间距离上的远近和社会、心理距离上的亲疏相对应，孰内孰外，取决于参照系。与更内在、更近距离或者更亲近的存在相比，更外在、更远距离或者更疏离的存在就是"外"。

从物质生命看，以我们自己的身体为参照点，身体之外就是"外"，身体之内的部分就是"内"。肉体本身也存在"表中里"，即存在位置上的内外分布和关系。比如，由表及里分别对应着我们的皮肤、肌肉和筋骨，血液循环系统和经络系统的分布则是全身的。

就精神生命而言，以我们自身的存在为参照点，跟外部事物之间的关系既存在空间距离上的远近，同时也存在社会关系及心理关系上的远近。社会关系是以血缘纽带和地缘关系为主，体现一个人的社会角色。中国社会历来比较注重一个人的社会性存在。

心理关系是对社会关系的一种补充，人与人之间的距离本质上是由心理距离决定的，而不完全取决于血缘和地缘关系。所谓"同气相求"，比肩为朋，相知为友。在"高山流水"的典故中，伯牙遇见钟子期，就像是内核接近的心灵跨越时空的久别重逢。而只有互为知音的朋友，才称得上知己，更加难能可贵。所以，鲁迅先生才说："人生得一知己足矣，斯世当以同怀视之。"反过来讲，客观的空间距离及类别的相似程度，也会影响一个人心理上的内外和远近感。比如，哺乳类动物相比于其他类别的动物而言，跟人类更亲近；与西方人或者非洲人相比，炎黄子孙之间感觉距离更近。所谓"同一屋檐下""患难见真情"，再勉强的靠近，久而久之，在共同经历的催化下，也可能会"日久生情"，哪怕只是因为熟悉而产生的某种相敬如宾、互不干扰的默契感。

费孝通先生用"差序格局"的定义，对中国人的远近亲疏关系及由此所形成的中国社会的圈子文化特征做了准确而生动的描述："以'己'为中心，像石子一般投入水中，和别人所联系成的社会关系，不像团体中的分子一般大家立在一个平面上的，而是像水的波纹一般，一圈圈推出去，愈推愈远，也愈推愈薄。"虽然受到全球化、城市化、经济发展、出生率等因素的影响，中国人的家庭和社会关系也在发生变化，但中国人的精神生命依然受到两千多年以来代代相传的文化传统不同程度的影响，精神世界里的障碍和成长也与此有着密不可分的关系。

物质生命在内外的问题上，容易存在阻塞和不通畅。人生活于天地之间，存在于呼吸之中。我们的肉体每天都跟外部环境持续交互，无论呼吸、饮食还是皮肤与外界的接触，都在发生着往来。人体本身就是一个开放的系统，营养的吸收、能量的补充、疾病的发生都在内外的交互当中。肉体如果通畅，就会对天地的变化有敏感的体察，比如一年四季、二十四节气的变化，一天之中早中晚的不同，身体会对变化的过程有细微的感应。然而，常见的情况是，人们在后天的成长过程当中，因为对肉体没有足够的关注，缺乏有效的练习，肉体的通道就会因为物质和能量垃圾的充填而堵塞，变得越来越不通畅。一方面，防止外邪侵入的防御系统会慢慢失灵；另一方面，身体排除垃圾的功能也在减弱，寒热湿等长驱直入，慢慢累积，直到产生器质性病变。于是，身体开始变得沉重、紧绷和坚硬。人们对自己身体的感知只是一个浑然一体的存在，对体内的构成与运转不再有更细微的感觉，与天地之间也开始产生隔阂与疏离。无论自己的身体状况还是天气变化等，都需要通过仪器告诉自己。

精神生命在内外的问题上，则容易出现"内外冲突和不一致"。一种是"我"与他人之间的不一致，外在事物的发展变化和人际互动不符合自己的期待时会产生冲突。另一种是发生于自身的内外不一致，"理想的我""应该的我"与"真实的我""实际的我"之间，"当下真实的我"与"本来的我（我的源头、我的根）"之间都存在差异。比如，希望成为一个心胸宽广的领导，不与下属计较，心里却明明在生气；希望成为一个贤妻良母，心里却经常冒出"凭什么都要我来做"的念头。这种时候哪怕是给自己讲了一堆道理，心里的感受也往往不受道理的影响而真实存在。虽然通过压抑或者压制的方式，努力让自己按照理想的状态呈现，但实际上，这样的做法不仅不利于健康，而且效果也很难保证和持续。

人们在渐渐长大和融入社会的过程中，不知不觉会扮演更多的社会角色，每一个社会角色相对成功的人物样本会形成相应的"人设"，成为人们心中"应该的我"或者"理想的我"的样子。如果一个人的内在成长与"理想的或者应该的我"不匹配，跟不上外在追求或者责任承担的需要，那么"基于外在的、集体与社会的标准和规范来反向要求和定义自己"的情况就更容易发生，内外不一致所引发的心灵矛盾、纠结和冲突也更容易出现。内外不一致所引发的心灵问题，不仅会成为制约其事业发展的瓶颈，也会加速一个人的精神内耗，并且成为人际关系矛盾和生活不幸的源头，哪怕是已经取得一定社会成就的人。

精神的层次

一个人精神生命的"内外"，除了定义我们与外部世界的社会与心理关系之外，从内在心灵成长和升华的角度，还对应着心灵层面的内外与主客问题，也就是所谓"主体层次"的深浅之别。

能做主的叫"主"，在此之外的都是"客"。比如，我知道我在想你，能够知道的就是"主"，被知道的都是"客"。"能够知道的"与"被知道的"相比，更为内在和深入。这并不是什么思辨游戏，而是真实的状态差异。比如，一个人沉浸在"我想你"的状态时，"想你"的那个"我"就是主体，其全部的注意力都在"想你"这件事情上，无法抽离。而一个人如果处于"我知道我在想你"的状态，能知道和觉察的那个"我"是"主"，这时，其注意力就会有一部分在"想你"，另一部分在"知道"，类似于在观察"我在想你"这件事情。如果我们把"想你"扩展到一个人所有可能的情绪，在情绪发生的同时"知道"，就有可能超越情绪。

情绪是一个人心灵种子遇到外境时的生发反应，根据每个人先天和成长经历的差异，种子本身也存在强弱和深入程度的不同。同时，理论上讲，"知道"可以发生在情绪已经生发之后，也可以在情绪刚刚冒头的时候，也可以发生在心动的刹那。显然，越早"知道"，超越情绪的能力就越强，代价也越小，当然对一个人觉察力的要求也就越高。种子就像是一重重能障包裹着一个人的心灵，越是靠近当下的、在贪嗔痴慢疑的障碍中越是靠前的，存在于心灵中的能障就越容易最先呈现出来。每一重能障的超越，就是一次心灵层次的升级。一个人定力的强弱，取决于其心灵所在层次的深浅。每个人在面对世界时，如果像是穿了一层层外衣一样去看待世界和他人，就会出现想不清楚、看不明白、无法理解等问题，从而引发冲突、矛盾、纠结。超越一重能障，就像是脱掉了一层外衣，由这层外衣所造成的遮蔽就不复存在。当越来越多的能障被超越之后，一个人自然就会显得更加智慧和从容。也就是说，真正的智慧和从容是一个人心灵层次向外呈现、存在水平不断提高的过程。

我们可以用主体作用时"主客"存在的几个关键点作为参照点，来体会心灵层次的存在与差异。第一个是"关注点"，即我们在与外部世界互动时注意力的落脚点、所选择的对象。大多数人睁开眼睛之后，注意力都在身心之外，甚至闭上眼睛注意力也很难收回来。从这个意义上讲，很多人的精力实际上是被外在事物肢解和分散掉了，自己并没有主导和做主的能力。所以，当一个人训练定力的时候，第一轮要做的事情，就是注意力的聚集和凝神的训练。真正的"活在当下"意味着注意力总在当下，身心一体，保持专注。但这是很高的要求，需要长期的训练才有可能实现。刚开始的时候，通过在一个特定的对象上持续投入来训练专注力更为容易。尤其是这样的训练因为投入的强化而产生正反馈的时候，则更容易进入投入与产生回报的良性循环。

第二个是"重心"，即一个人精神的发力点，也可以叫着力点或者立足点，"我"在做出反应时的立足点，也是自我存在感的来源。一个没有自我的人，重心不在自己身上，往往会在外在的他人或者事物上，重心和关注点常常是重合的，会因为他人或者外在事物的波动而引发自己的情绪波动甚至崩溃。如果精神的重心找不到依附的对象，就会很危险，甚至可能出现轻生的倾向。一个自我感比较强的人，重心通常会在自己身上。即便是老好人，也是有自我的，只是这样的自我的显著特点是回避冲突、有意无意地取悦与同情他人、追求人际和谐而已。如果面对的对象是自己比较在意的，或者在应对的过程中遇到阻碍或不顺心，重心也可能会发生前置（位置向前发生变化）、前倾（位置没变，力量向前），甚至会与关注点重合。一旦重心开始前置或者前倾，注意力的范围就会缩小，这个时候容易出现干扰和产生情绪。如果之前在心流当中的话，心流就会发生中断，面对的对象也会感受到明显的压迫感，越在意越达不到好的效果，反而增加对自己的消耗。由于主体存在层次差异，所谓"心灵层次升级"也就意味着精神的着力点（重心）的位置在发生变化，向着根部持续深入。

第三个是"根"，意味着归属感，一个人生命存在的依托点，关于生命意义的定义点和支撑点。客观的"根"是精神生命的来源，是生命之本，是生命实相探究的真相与究竟源头。实际上，人们对于"根"的体认存在层次和境界的差异。第一种情况是一个人未曾想过或者明确过"人生究竟为了什么"

的命题，那么，默认精神生命的"根"与身体的"根"是一样的，在自己能够感受到的身心层面上，重心和根是重合的，或者说就是一个存在。"我"就是"我"存在的目的，既然人生终有一死，"我"的努力除了此生的福慧安康以外，就是对家族血缘传承的追求。第二种情况是一个人相信并且能够感觉到超越自己的一种力量的存在，并将它作为自己生命的依托和支撑，成为自己的信仰，希望被拯救和关照。虽然跟当下的生命并不见得能够直接产生关联，却可以作为遇到问题时让心灵得到安全感的方便。而且，有信仰的人，因为有所敬畏，在现实的人生中也会多一份自我标准和约束。第三种情况是相信超越自己的本源力量的存在，并且相信自己此生的目的和使命就是弘扬和呈现本源的规律，承担现实社会改良的重任，为弘扬天下大道做出现实的努力。在这种情况下，"根"和"重心"是两个不同的存在，"重心"是一个人精神能够着力的地方，而"根"更像是一个巨幅的背景和高远的参照点的存在，成为一个人精神的引领，是所有思维和行为的出发点、判断依据与目的的指向。第四种情况是认为"人生是来学习的"，以自己的人体生命作为实验，通过实修体证的方式，持续探究生命实相，找到"我"的根，并在不断靠近和与根重合、成为一体的过程中，成为根的无染管道，为这个世界打开一扇天窗。

不同的情况意味着不同层面的人生追求，最终也将决定着一个人人格样本的终极定义。无论哪一种情况，人们内心对于"根"的感受和相信都必须是真实的，重心与根的关系是事实，是真切的。只有实际的体证才能产生一种由内而外的笃定感，才会产生强大的力量，支撑起一个人的生命意义。"逻辑上或理论上的相信""盲目的迷信"与"真的相信"之间存在本质差异。越是靠近客观本源的相信，越需要长期实修体证的功夫才有可能达到。

为了进一步展示"关注点""重心"和"根"的存在与关系，我们用图 3-1 示意。以一个具体的人体为中心，外面的世界是"外"，精神生命的"根"是内，内外是相对的。精神生命的"根"本质上就是回答"我是谁"的命题，找到究竟的答案与存在。因为每个人所确立的"生命意义的支撑点"可能存在差异，所以，我们可以认为"根"也是有层次的，不同层次的"根"都可以成为一个人生命的依托点。但真理只有一个，只要不是探究生命实相的究竟的答案，都不是真正的本源的"根"。那么，到底究竟的"根"是什么？对于"根"，有人称之为宇宙智慧；儒家则认为生命源于宇宙本体的存在，"根"就是生命源头的那个宇宙本体；道家则以"道"为本源，"根"在道家中体现为"道";佛家则称"根"为"自性"。这不是一个认知上的问题,而是一个存在性命题。语言文字只是表达的方便,究竟文字描述的实相是什么?一个人要想真正知道答案,只能以自己的身心为载体,通过实际的体证去寻找和确认。

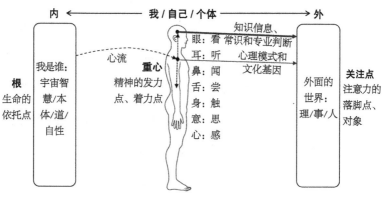

图 3-1 关注点、重心与根的存在与关系

通常而言,一个有基本自我感的人,重心会在自己的身心上。善于用心的人,精神的着力点一般在心里,而大脑训练比较多、习惯用脑面对世界的人,重心会在大脑上。没有经过训练的人,心脑之间往往是不能贯通的,甚至经常会产生冲突和对抗。对于绝大多数人而言,睁开眼睛之后,注意力的落脚点都在外面的对象上,可能是某个具体物体或者某件事情,可能会琢磨某个道理或者面对某个人。因为面对外部世界的主体"我"要么在大脑,要么在心里,会受到"知

识信息、常识和专业判断"与"心理模式和文化基因"等的影响，从而限制一个人认识外面世界和处理问题的能力，引发自我与外面世界之间的矛盾或者冲突。

对于经过长期实修训练（比如站桩、打坐、练瑜伽等）的人，如果身体比较通畅、身心更加一体的话，重心在自己身上也有可能出现"下沉"的感觉（图中人体中方向朝下的虚线箭头所示）。所谓心流，体现的是一种用心的能力和状态（图中横向弧形虚线箭头所示）。当一个人全身心投入做某事的时候，会有一种"全神贯注、如有神助"的感觉，从自己的身心到外部事物之间是"主客一体"的贯通的状态。人在这种情况下的反应往往会超出平时的水平，有一种获得了某种力量的感觉，虽然不知道获得的到底是什么。

从主体层次的内外角度讲，"根"是内，与根相比，其他都是外。究竟的本源的"根"是内，其他层次的"根"也是外。对于常人来讲，重心很容易与关注点重合，在没有思考和探寻"根"的情况下，根和重心基本上也是重合的。关于"根"的问题也可能想到过，却没有真正确立"根"的存在；或者在成长经历中渐渐明确了一个关于"根"的信仰，并将之作为自己生活的依据，但对于"根"的层次却并没有意识。关注点、重心和根到底是重合的、分离的，还是存在层次的变化？

一个人成长和进步之后，内在心灵到底发生了怎样的改变？如果没有经过长期主动的觉察训练，普通人对这些问题本质上都是不清晰的。因为不够清晰，它们也会成为通达究竟的障碍。

如果我们以"关注点""重心"和"根"为三个参照点，一个人心灵成长的学习历程就可以被简单概括为如下的次第功夫：关注点与重心分离——感觉到和相信根的存在——重心向根靠近——根的层次升级——重心与根重合——成为根的管道。

精神前倾

如果我们的身体倚靠着一个物体，比如一扇门，重心也会随着身体的倾斜而落在物体上面，一旦物体发生移动，我们就会站不稳，甚至会摔倒。如同物质生命的重心可能会倾斜一样，精神生命的重心也会发生倾斜。基于生存与生活的需要，一个人在睁开眼睛、有意识的生命时间里，注意力很容易被外部的事物牵引。在未经有效训练的情况下，关注点不容易回到自己的身心上，更谈不上对内在心灵层次的主动探索。因为关注点长时间在外，受到外在事物和环境的影响，重心也就容易向前倾斜，甚至跟关注点重合。从某种意义上讲，向外求是人的本能，向内求则是需要经过长期刻意的练习才可能拥有的能力。习惯了"向外求"的人，精神生命因为内外的不平衡而很容易处于一种"前倾"的状态。

这也正是工业社会以来人们处于快节奏、高压力、追求高效率的生活环境下的普遍状态。北京大学中文系教授戴锦华在评论电影《一代宗师》时，也曾讲到现代人的生命前倾状态，认为可以用前脚掌和后脚跟两个身体部位来表达现代人和前现代人的区别。现代人总是踮着脚处在一种起跑冲刺的身体姿态当中，所以现代人的生命是没有根的；而前现代人，无论学习任何一项中国功夫，比如武术、太极等，学习的第一项基本功就是让人的重心后移，让自己有根，重心不仅要落在后脚跟上，而且要落在臀胯上，通过放松让自己的身体打开，然后以这种方式来召唤生命中已然携带着的那些力量，那些潜力。

概括地讲，"精神前倾"指一个人的关注点向外、精神生命的重心向前（向外）移动、后脚跟离地的生命状态。处于这种状态的人，因为没有根、重心不稳，很容易受到外部环境的影响，抗干扰能力比较弱，容易焦虑，感受到竞争和内卷的压力，追求外在拥有（包括收入增加、职位提升、身份获得、领导认可等）来获得安全感，但因为参照的对象是外在的，即便拥有许多也不容易消除内心的不安全感，严重程度因前倾的程度而异。

　　理论上讲，"精神前倾"的程度受到外在环境（尤其是所关注和追求的事物）和重心位置的影响，大致可以分为几种情况。

　　第一种情况，如图 3-2 所示，关注点向外但不聚焦，重心虽然向前偏移却没有与关注点重合。处于此种状态的人，念头散乱，注意力不集中，不知道自己到底要什么，既不能把一项工作持续做好而获得成就感，也不知道该如何做好，常常因为环境中的声音而情绪起伏，焦虑是常态。

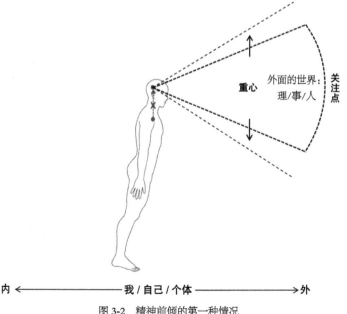

图 3-2　精神前倾的第一种情况

第二种情况，如图 3-3 所示，关注点向外，因为强烈渴望而聚焦在一个点上，比如某个职位、某个在乎的人等，重心与关注点重合。生活中典型的例子是"一个全心全意为了孩子而活的母亲"或者"一个为了先生的需要而付出所有的太太"。因为太在意对方，心心念念的注意力全在对方身上，用自己以为对的方式为对方付出，却因为自己没有持续成长而并不能真正理解对方、读懂对方真正的需要和用适合对方的方式付出，让对方感受到的反而是控制欲和压迫感，因此很容易因为获得不了对方同等的回报或者正向的认可而感到委屈，甚至有瞬间崩溃的风险。

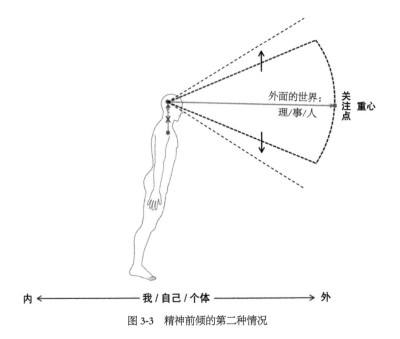

图 3-3　精神前倾的第二种情况

　　第三种情况，如图 3-4 所示。一方面，重心在自己的身心上，有作为成年人的自我存在感；另一方面，关注点向外，能够聚焦和专注，有自己的专业所长，会因为太在意所关注的对象而引发重心偏移，引发焦虑，却基本上不会有跌倒的风险。与此同时，因为基于外部的获取而获得安全感，容易感受到强烈的竞争压力，让自己处于与外部参照对象赛跑的状态，加速自己的身心消耗。

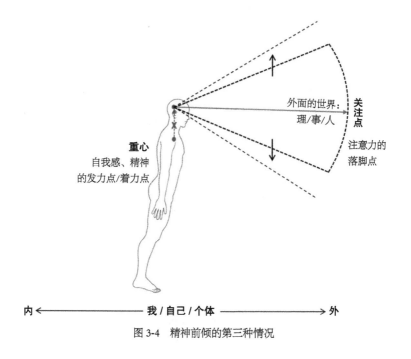

图 3-4　精神前倾的第三种情况

　　第四种情况，如图 3-5 所示。一方面，重心在自己的身心上，初步完成了自我的建立，因为在一个专业领域的长期专注和用心而有接通"心流"的能力。虽然不知道接通了哪里，接通的层次也有差异，却真实地体会过"全神贯注、如有神助"的超越自我的力量的存在。另一方面，关注点向外，因为环境的重大波动或者所关注事物的重要性而引发自己重心前移，心流中断，焦虑和杂念产生，导致身心的消耗。与此同时，因为自我感比较强，习惯了承担和掌控，所以会基于人设而对自己有强大的控制力，重心偏移的时候，外人不太容易感觉到。

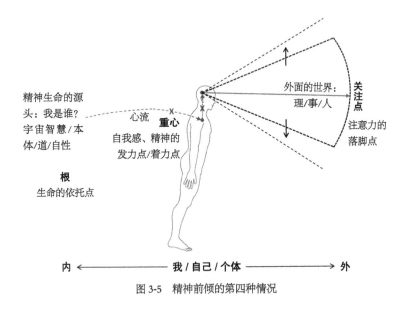

图 3-5 精神前倾的第四种情况

总体而言，无论一个人的外在呈现是"没有自我""能力赶不上愿望"，还是"在意与他人比较和竞争""追求掌控力"等，本质上都是"向外求"的不同表现。只要习惯了"向外求"，精神生命的状态就容易出现重心前移。而长期精神前倾既不利于个人的身心健康，也不利于个人的进步和成长，并且容易使人陷入"因为追求而焦虑——因为焦虑更不可能实现追求——因为无法实现追求而更加焦虑"的恶性循环。

内圣外王

内圣外王的逻辑

"内圣外王"最早出现在《庄子·天下》,"圣有所生,王有所成,皆原于一",此即"内圣外王之道"。 按照南怀瑾先生在其著作《孟子与尽心篇》中所言,中国的道统,是人道与形而上的天道合一,叫作天人合一,是入世与出世的合一。出世是内圣之道,入世是外用,能诚意、正心、修身、齐家、治国、平天下,有具体的事功贡献于人类社会,这就是圣人之用。

按照冯友兰先生的说法,在中国的哲学观念中,一个人不仅在理论上而且在行动上完成出世与入世、理想主义与现实主义的统一，就是圣人。圣人的人格是所谓"内圣外王"的人格，而哲学的任务，就是使人有这种人格。"内圣外王"的统一是儒家学者们追求的最高境界，也是中国哲学的基本精神。在儒家的思想当中，内圣和外王始终是相互统一的，内圣是基础，外王是目的。只有通过不断提升内心的修养，才能成为"仁人"和"君子"，才能达到内圣；也只有在内圣的基础之上，才能够对外实施王道，安邦治国，达到外王的目的。

"内圣外王"之道就一个具体的生命而言，对内体现为对精神生命层次的升华，对人生意义的追问与追求，对外则体现为一种责任的承担、对社会的贡献和众生通往生命究竟的接引。内圣和外王之间并不存在手段和目的的关系，并不是"外王为了内圣"或者"内圣为了外王"，而是理想主义和现实主义在一个圣人身上的高度统一。真正的理想主义者是为了真理或者某个崇高的使命而矢志不渝的人，哪怕一个人在黑暗里摸索，没有任何路标的指引，没有任何现成的、便捷的道路可走，得不到现世中他人的理解，终其一生的努力都有可能无法实现理想，即便有了一些成果也跟现世的自己没有任何关系，没有任何人会知道自己，也依然毫无动摇而不懈努力的人。同时，他们又是现世社会责任的承担者，明知不可为而为之，任何时候都不放弃努力，在每一个当下竭尽全力，对结果始终保持积极正向的预期，置身其中，荣辱与共，从不迟疑。

当然，现实中的理想主义者因为其内圣和外王的程度不同，而存在着层次的差异。无法达到真正内圣状态的理想主义者，容易对其所追求的事情产生不同程度的执着，也容易因为智慧不够而让自己存在盲区，最终将会遭遇自己的瓶颈和追求不达的遗憾与扼腕。对于优秀的群体而言，成功、掌控、扛过去容易成为根深蒂固的心理模式和潜在的面具和人设，士可杀不可辱、宁死不屈、宁为玉碎不为瓦全、荣誉高于一切、清者自清、使命必达、不惜代价等成为习惯的心理和行为模式，因此而生发着一种"悲壮的审美"观念，刚硬的承担的力量往往面临着一念之间决绝的风险。唯有内心具备基于究竟智慧的通达，才能成为悲智双运、道法自然的理想主义者，才能承载和化解现实中不同层次的英雄主义者和理想主义者的悲壮。

内圣外王本身就体现了知行合一的要求，正如冯友兰先生所言："学哲学不单是要获得这种知识，而且是要养成这种人格。哲学不单是要知道它，而且是要体验它。"金岳霖教授在他一篇未发表的文论中说："中国哲学家，在不同程度上，都是苏格拉底，因为他把伦理、哲学、反思和知识都融合在一起了。就哲学家来说，知识和品德是不可分的，哲学要求信奉它的人以生命去实践这个哲学，哲学家只是载道的人而已，按照所信奉的哲学信念去生活，乃是他的哲学的一部分。哲学家终身持久不懈地操练自己，生活在哲学体验之中，超越了自私和自我中心，以求与天合一。"

生命是秒秒鲜活而发展变化的，圣人并非一天能够养成，是需要逐渐靠近和实现的。无论从事功成就的大小，还是心灵层次的深浅角度出发，都意味着"内圣外王"是个过程，并且存在层次差异。就一个人的成长而言，从建立自我，到追求无我，从现实的磨砺到责任的承担，往往会有一个蜕变的过程。所谓内圣与外王的统一，首先意味着"内外一致"，内圣的程度决定着一个人外王的成就。这样的一致和统一往往是动态的，外王的承担会激发一个人"内圣"修养上的进步，或者"内圣"的进步促进一个人更有动力去承担外在的责任，两者之间既相互制衡，又相互促进。

内外一致虽然是动态的，内圣外王却并不存在严格意义上的时间先后。从实践的角度看，无论是"先内圣后外王"，还是"先外王后内圣"，一方面，先和后的时点因没有确定的标准而很难把握；另一方面，拉长时间来看，外王的程度本身就是由内圣的水平决定的，外王也是对内圣水平的检验。所以，人为地决定先后，实际上是将原本融为一体的两者截然分开，从而制约自己"内圣外王"的整体水平。将"内圣"与"外王"分开，一味追求"内圣"而知行分离，很容易成为"看似学问渊博却清高孤僻、心胸狭窄、近距离生活一地鸡毛"的伪君子。一味追求"外王"，则迟早会沦入"德不配位，必有灾殃"的境地。《周易·系辞下》有言："德薄而位尊，知小而谋大，力小而任重，鲜不及矣。"

真正的内圣一定是对生命实相的体证，是对精神生命（主体）本源的根的体证。一个人在追求内在心灵成长的过程中，只要用"对的方式"坚持努力，跟过往相比，就总是会有持续不断的进步。因为对心灵能障的重重超越而变得越来越从容，越来越有定力，越来越有能力和智慧，烦恼越来越少，人际关系越来越和谐，心灵也会感到越来越自由。这些只是心灵层次升级之后的呈现，并不等于我们能够清晰地体认到主体所在的位置。一个人所体认到的根，究竟是本源的根，还是心灵层次升级过程中的某一个更高层次？一个人的重心与根之间的真实的关系到底如何？是仅仅作为背景和参照，还是能够牵着、连着，还是已经重合成为一体？这不仅体现了见地的清晰程度，也会在对外的呈现上"失之毫厘，差之千里"。

　　只要没有体认到究竟的"根"，并且让自己的身心与根重合，就还未达到真正的"内圣"。一个人能够以精神生命本源的根为立足点完成现实生命的转化与升级，成为根的无染管道，本身就是"外王"的过程。所谓"无染管道"意味着即便一个人体认到了"究竟的根"，身心上的许多障碍仍然存在，"外王"的过程也正是"以根为着力点释放能障"的过程。从这个意义上讲，没有足够承担的外王，不足以支撑一个人真正的内圣，不可能达到《金刚经》所言"无我相，无人相，无众生相，无寿者相"的人生境界。

　　没有内圣，凭何外王？反过来，没有外王，又以内圣？

内外贯通

　　无论是我们对于一个圣人的人格品质、行为特点等的描述，还是对其承担社会责任大小、使命担当和情怀等特征的总结，都是由外向内视角下的表达，本质上都是其内在心灵层次呈现出的结果。因上的、内在的改变，才会有果上的、外在呈现上的稳定、持续与鲜活。如果我们用"关注点""重心"和"根"三个主体作用时的关键参照点来呈现生命的内外关系，那么，"内圣"就意味着"重心向究竟的根的靠近并最终与根成为一体"，"外王"则意味着"重心与关注点分离并持续向根靠近"和"以究竟的根为着力点"面对外部世界。重心和根都存在层次差异，在追求内圣外王的道路上，无论"重心向根的靠近"还是"以根为着力点面对外部世界"，"根"都只能是我们能够体认到的最高层次的主体存在。只有当我们能够体认到的"最高层次的根"就是"究竟的根"时，我们才有可能实现真正的内圣外王。

以一个个体的身心为中心，外面的世界是"外"，精神生命的"根"为内。内外贯通大致包含了几段（见图 3-6）：大脑与外部世界之间（以大脑为主应对外部世界），心与外部世界之间（以心为主应对外部世界），心脑之间，身心（重心，当下的心灵层次）与根之间。如果不加以训练，对于绝大多数人而言，这些通道都是断开的、阻塞的，甚至存在冲突和矛盾（如图中 × 号所示）。内圣外王的道路是一个人心灵层次升级、精神生命升华和担当使命责任的道路，是一个人从自己当下身心的真实层次和状态出发，不断接近内圣外王人格状态的学习和成长过程。

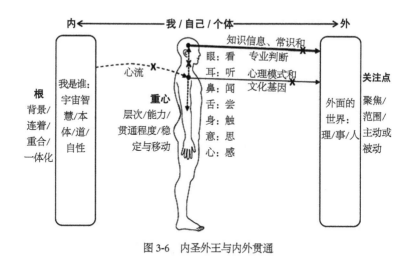

图 3-6　内圣外王与内外贯通

内圣的水平决定着外王的程度，外王的过程是"借事炼心"的内圣的学习过程，也是内圣层次的检验。从这个意义上讲，一个人走向内圣外王道路的关键就在于：第一，在自己的身心上打通"根、重心和关注点"之间由内而外的、内外贯通的道路；第二，对"究竟的根的体证"和"以究竟的根为着力点的外化"。

要想打通内外贯通的道路，关键是要重视和做到以下几点。

第一，保持内外一致的真实状态。接受自己当下真实的心灵层次和状态，由内而外地一致呈现。世界是每个人眼中的世界，一个人心灵当中累积了怎样的痕迹和种子，大脑填充了怎样的知识和认知，决定着他所看到的世界以及对世界的反应。这是客观事实，本质上没有好坏对错之分。基于外在追求或者理想中的自己而设定一个标准，然后强迫自己做到，就会引发内外冲突或者对真实自己的压制。一方面，大多数心力不够强的人，并不太容易做到，也很难持续；另一方面，少数人即使短期内看似做到了，代价也往往是巨大的。那个强迫自己做到的"我"变得强大，会成为"自我"接通"根部"的障碍而难以超越。更深层的真实的"我"也会因为被压制而造成身心的堵塞和消耗，影响一个人的身心健康。这样的人无论在社会上取得了怎样光鲜的成功，近距离接触他们时，感受到的常常是冷厉的、强硬的、压抑的和孤独的感觉。所谓"接受当下真实的自己"，首先在认知上要接受，其次在工作生活中遇到任何事情的时候，要有意识地去体会自己的第一反应，尽量不做分别地顺着第一反应去应对，最后接受应对的结果。当然，刚开始并不容易做到，受到惯性的影响，分不清楚第一反应的时候，已经有很多大脑关于对错好坏的分析开始介入，并且还会引发各种情绪反应。但是没有关系，觉察力的提升总是在试图提高觉察力的训练过程中逐渐实现的。只有有意识地、持续不断地训练，才能让自己的反应逐渐慢下来，提升觉察的精细度。与此同时，顺着自己的第一反应，不一定会带来满意的结果，这是自然的事情，因为当下的能力水平和心灵层次有限。只要不给自己增加更多的障碍，同时又能借机实现心灵的疏通和成长，就是当下的最优选择和能够达到的最好结果。

第二，专注的同时关注点向内，重心稳定的情况下向内回退。关注点的聚焦意味着注意力的专注，专注才能接通心流，这种情况下，心脑之间、身心与外部世界之间才可能是通畅的。接通的情况下，人们往往并不知道接通了哪里，并且在"主客一体""物我一体"的情况下，关注点始终容易放在对象上面，而对自己的身心没有觉察。这样就容易造成重心渐渐前置或者向外偏移，尤其是外面的事物有所变化时（比如，复杂性或者重要性增加，遇到自己更为在意的存在等）。因此，专注而接通心流的情况下，需要有意识地放大关注的范围，不仅注意到对象，也要对"从自己到对象"之间的整体存在有所觉察，从而保持重心的稳定，并在此基础之上，让重心回退成为可能。

第三，真实状态中的能障疏通。在我们尽量保持内外一致的真实情况下，心灵里面的痕迹和种子还在，一旦遇到外境的触发，种子就容易生发出情绪。一旦有情绪出现，内外一致的状态就已经中断了，很容易被裹在情绪里面去做反应。

刚开始的时候，这种情况是常见的。只要关注的范围能够照顾到自己的身心，就能够意识到情绪的升起，这个时候的关键是做情绪能量的疏通工作，而不是急着去处理具体的事情。"接受情绪升起的事实——去做能量疏通和散发的工作——恢复内外一致的状态——去处理事情"，任何意识到贯通中断的时候，就去练习这样的应对方式。慢慢地，自己的觉察能力就会持续提升，心灵的种子也会在这样的过程中逐渐被清理。心灵的障碍越少，重心也就越有可能向内深入。从这个意义上讲，工作生活中任何触动自己的时刻，都是认识自己和清理自己障碍的机会。

第四，内外贯通的"内"定义着贯通的层次与意义。内圣的层次决定外王的程度，力量不等于层次。理论上讲，心灵层次越高，呈现出的智慧和力量会越强，但通常需要一个熟悉的过程。我们在面对外部世界的时候，往往习惯于从自己熟悉的地方去着力，越是熟悉的常用的地方，当下感觉会越有力量。但从心灵成长的角度而言，只有层次面向"究竟的根"的升级才是重点，不能因为满足于过程中的力量和当下解决问题的成就感而影响了层次的升级。就算是体认到了根的存在，如果不能有意识地从根的地方去着力，根最多也只能是一个背景的存在。虽然基于背景可以有觉察的功能，但一旦做起事情的时候，就跟背景没有了关系，因为身心和背景之间没有真实的相连。自己的身心与根之间的关系，从一开始的"背景"到"连着"，再到"重合"和"一体化"，是一个主动的、需要持续花功夫的过程。比如，一个人站在地上，感觉到大地就是自己的根，脚和地虽然贴着，但一抬脚就会分离，重心和着力点仍然是在脚上。想跟大地建立真实的相连关系，哪怕是从方向上的呼唤开始，要在心灵的最深处尝试以一种"头发丝提豆腐"的感觉去试图牵着连着。就像是一个人要把脚伸进泥土里，在地底下长出和体验到根系，重心能够在根系上，才算是真正的"有根"的开始。

重重深入

内圣意味着找到精神生命的"究竟的根"，外王是以"究竟的根"为起点应对外部世界、承担使命与责任。主体的层次升级是内圣外王学习道路的关键。"内外贯通"也是为了主体层次更有效率地升级。

主体层次升级是面向"究竟的根"的重重深入的过程。我们用图 3-7 示意。图 3-7 中人体轮廓的依次排列代表着主体（心灵）的不同层次，颜色最深的人体轮廓是重心的位置，即精神能够着力或者立足的位置，也是有自我感的地方。在重心之前的部分，是我们能够觉察到的存在（图 3-7 中右侧的人体轮廓排列）。从应用的层面上看，虽然"我"的特点还在，"我"依然可以基于不同需要而起和用，但因为这些特点在精神能够着力的点的前面，自己是可以知道的，所以并不会构成障碍。比如，在处理某件事情的时候，因为没有得到预期的反馈而心里有着急和不舒服感，这个时候，"我"同时知道"我"在不舒服，重心在"知道的我"，而"不舒服的我"在重心的前面。虽然不舒服是真实的、客观的，但力量却没有那么强，不会让自己深陷其中而无法自拔。"知道的我"还可以通过一些方法（比如吐吐气、吼几嗓子等）把不舒服的能量散掉。某一个层次的主体虽然存在却不构成障碍，所以我们用逐渐虚化的人体轮廓排列示意。

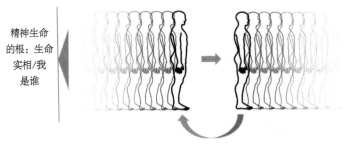

精神生命的根：生命实相/我是谁

图 3-7　主体层次升级示意图

在精神能够着力的位置之后的部分，我们往往是不知道的，或者感觉是比较虚化的（图 3-7 中左侧的人体轮廓排列），虽然我们可能已经认识到了一个超越当下自我的存在，一个超越重心的、可能是"根"的存在。刚开始的时候，这样的存在往往在感觉上是比较高远的、不够真切的，也是自己够不着的。我们只能从当下能够着力的地方去起和用，我们的习惯也往往决定了我们会从熟悉的地方去起和用。但如果我们有意识地让自己慢下来，就会尝试着以我们所能够体会到的"根"（更高层次的存在）去反应和着力。经过持续练习，慢慢地我们就有可能实现"主体的回退"，渐渐能够从我们认为的"根"的地方去着力，原本虚化的部分就变成新的自我存在点。这个过程在刚开始的时候，往往会比较费力。理论上讲，心灵层次升级之后，能够从更内在的地方呈现，一定会更有力量，但往往需要一个过程，一个"生处转熟"的过程（如图 3-7 中横向的箭头所示）。

内外贯通更注重"外化的方式内化"和"外化与内化同步"，重重深入则更强调"主动内化"。理论上讲，内外贯通的情况下，不容易强化某个层次的"我"，因为一旦强化，贯通就会中断。然而，如果内外贯通的"内"的起处并不是"究竟的根"的话，起处的"我"（一重心灵层次）也依然可能会被强化。因此，我们在保持内外贯通的同时，需要持续去做

"主动内化"的努力，保持对更内在层次的方向上的探索，始终尝试从更内在的地方去着力，避免让当下够得着或者习惯的着力点的层次逐渐得到强化而成为障碍（如图 3-7 中半圆形的箭头所示）。我们可以把这个对未知保持探索和开放的努力过程叫作"熟处转生"的过程。主体层面的重重深入往往会伴随着持续的"生熟转化"的过程。

直到某个可遇不可求的时刻，我们真切地体认到了精神生命的根的存在（如图 3-7 中最左侧三角形箭头、竖线及文字所示）。这个时候就需要做"大胆假设、小心求证"的工作。所谓"大胆假设"是我们要先体认到一个"根"的存在，假设它就是"究竟的根"，并且只能作为假设，然后去做"小心求证"的工作。所谓"小心求证"意味着，既然已经有了一个假设，就需要持续探索这个假设的"根"跟我们自己身心之间的关系，需要时时地、心心念念地想着，尝试去做确认的努力。由于我们只会对精神着力点之前的部分有所觉察，除非当下的着力点遇到障碍或者波动，否则就可能无法判断自己的起点是否已经是"究竟的根"的位置。而随着主体层次的升级，心灵的障碍被清理得越来越多，能够触动到自己的事情的量级就越来越大，这个时候，"外化的方式内化"就变得不再容易，效率也会降低。"外化的方式内化"意味着用破除当下一重层次的方式向"根"自然地回退。一方面，越是内在的"我"的打破，冲击力往往越大，对一个人的承受力是很大的考验。另一方面，当下层次的习惯性起和用也会带来强化的趋势，从而可能变成更大的障碍。进一步讲，当下的立足点与"究竟的根"之间还存在多少层次，并未可知。已经体认到"究竟的根"的情况下，依然从当下的着力点出发去做努力，显然是风险大于收益的做法。只要不去做主动的努力，就无法在自己的身心与"究竟的根"之间建立清晰明确的关系，实现真切的靠近，并成为一体。而只要不清晰，精神的关注点就容易自然向前，久而久之，就有可能把"根"背景化，跟自己身心之间的关系越来越模糊和虚化。

如果说真正的内圣是对"究竟的根"的体证，让自己具备成为真正圣人的基础，那么外王就是以"究竟的根"为着力点的外化，即让圣人之道在自己的身心上能够"活出来"，让自己的起心动念和一言一行都能够拥有圣人的智慧。因此，内圣就是对生命实相的探究，通过心灵层次的重重深入而体证到精神生命的"根"的存在；外王则是在体认到"根"的情况下的悟后起修，在根与自己的身心之间建立联系，逐渐成为一体，以根为起点外化，担当社会责任（见图3-8）。主要的学习方式是在"内外贯通"的基础上"重重深入""大胆假设、小心求证"。

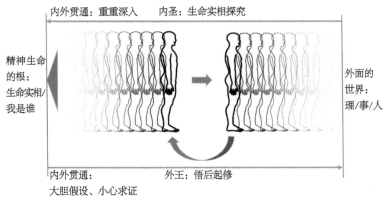

图 3-8　认识自己是内圣外王的起点

反求诸己

你是什么样的人，就会看到怎样的世界，就会经历怎样的人生。这句话并不是一个为了教人向好的道理，也不是为了安慰或者鼓励别人的心灵鸡汤，不只是一个观点或解释世界的角度，而是全然符合事物发展规律并普遍存在的真相。一个人睁开眼睛以后的所有反应，都是"我"的选择和应对，无论我们对自己的"我"是否有觉察和认知，无论这样的认识是否真实和全面，都是基本事实。如果世界有一个本来的、完整的面目，则我们只能活在我们各自的"我"能够看到的和认知的之中。

　　"认识自己，成为更好的自己"是人减少烦恼、获得幸福和提升生命品质的前提。人与人之间的互动，看似是用语言文字、声音表情、肢体在沟通，实际上都是各自心灵载体的呈现，背后是心灵层次和种子之间的各种碰撞，是各自对对方的解读与反应。语言文字、道理、逻辑的后面，是情绪的风起云涌和认知边界的擦枪走火。如果我们对自己和他人的内在没有认识，在与各种人的相处中，处处都可能是心灵的短兵相接，遭遇到处碰壁的无奈感。反之，如果我们能够透过一个人的外在看到其内在的特点、障碍与层次，所到之处则会是丰富人格样本的学习，是对于他人的春风化雨和温润通达。如图 3-8 所示，对自己当下心灵层次的认识与重重深入（方框中的部分）即"认识自己，成为更好的自己"的过程。

　　"认识自己，成为更好的自己"是内圣外王的基础。内圣外王不仅仅是圣人们的人生选择、生命理想和人格践行的方式，对于所有要么追求真理、要么追求人生意义和价值、要么真正想要获得进步和成长的人们而言，也是最高效的学习方式和路径。而内圣外王的前提则是"反求诸己"。熊十力先生曾经讲过："现在的人，只知道向外去看，看什么都觉得不对，却不肯反求自己内心的不是，这就是世界混乱不绝的源头。先哲圣贤的学问，广大浩瀚而完备无缺，可其中一点血脉，仅仅是'反求诸己'四个字。"

反求诸己首先要求一个人的关注点是同时向内的。如果一个人的关注点总在外面而不在自己的身心上，这种情况下，即便能够接通心流，处于一种贯通的状态，也更多需要借助外在的情境条件，而不能让心流接通成为自己"遍一切处、遍一切时"的状态。在自己擅长和长期投入的专业领域，因为已经养成了一种身心的自动反应，抗干扰能力比较强，散乱的意识不太容易插进来，所以能够接通心流。但只要脱离了专业情境，抗干扰能力就不再能够起作用，心里的各种反应和念头都会冒出来，挥之不去。因此，有时候，一个人选择醉心于工作，很可能只是为了回避其他事情。

反求诸己的真正意义在于，人们睁开眼睛的一切反应都是认识和升级自己的机会。我们与外部世界的所有互动，不仅仅是为了满足生命的基本需要，更重要的是以我们每个人特殊的个体的身心为载体，打通由内而外的反应链路，在内外贯通的情况下，以当下能够够得着的心灵层次为起点，主动内化，重重深入，直达究竟（即图3-8方框里所示意的心灵层次升级的机会）。

第四章

实修的学习逻辑

常规学习方式

认知学习与体验式学习

认知学习和体验式学习是常见的两种学习方式。

人们遇到问题时，如果是自己熟悉或者自己专业领域的问题，大脑会基于过往的认知记忆对问题做出界定、分析和判断；如果遇到不熟悉或者完全陌生的问题，会通过查找资料、询问专业人士等方式解决问题并完成学习。过程中大脑会自动补充新的认知记忆，之后遇到相同或者相似问题时，再按照前一种方式反应。越是熟悉和擅长的领域，大脑的反应速度会越快，这种习惯性的反应路径就像是运转在大脑里的高速公路，也就是所谓的认知轨道。通常而言，人们更倾向于第一种反应方式，只有在第一种反应方式遇阻或卡壳的时候，才会被迫选择第二种。以上的学习方式，大致就是"认知学习"。

认知学习的方式天然伴随着经验的沉淀与共享，对于许多原本我们未知的领域，可以通过学习他人经验的方式而有所认知，这在很大程度上能够快速放大我们的认知范围和边界。与此同时，这里面又潜藏着一个巨大的风险，就是认知路径和轨道的固化。大脑习惯基于已有的认知和经验来完成判断，新的机会也是跟原有经验相关性越大，越容易被获取，并进一步强化原来的认知逻辑。认知逻辑就像一个轨道，会随着经历的增加而逐渐拓宽和强化。然而，很多事物的发生，很可能意味着轨道本身发生了变化。比如，当一个行业随着科技进步而出现新的商业模式，并且对传统模式造成很大冲击的时候，就意味着我们判断事物的认知轨道发生了变化。如果无法完成转轨，本质上就很难进入新的赛道。

换句话讲，认知学习的方式一方面具备经验分享和延续的优势，另一方面，又很容易在不同层面上形成认知轨道的固化，甚至造成认知封闭。通常而言，人们在获取信息的时候，所获取的往往都是经过自己认知解读之后的信息。比如，参加一场培训学习的时候，所谓的听懂很可能只是听到了自己想听的内容，验证了自己已有的假设，而跟自己想法不一致的信息或者放大自己认知的信息要么被忽略，要么被扭曲。

体验式学习更强调通过实践和参与的方式完成对事物的理解和答案的寻找。对应到教学和培训活动当中，认知学习偏重于灌输的、讲解的方式，老师引领学生快速了解和接受相关的概念、常识、逻辑、规律和原理。体验式学习则更侧重于以学生为中心，通过互动的、启发的或者角色扮演等方式，让学生自己意识到问题、找到答案或者明白某个道理。认知学习以一个相对统一的标准为参照点设定内容，学生因为各自吸收和理解程度的差异而产生不同，学习效果也会参差不齐。体验式学习以学生为参照点，问题和活动的设计需要具有差异化和针对性，学生从自己当下真实的水平出发，更能够够得着，从而有所进步。

理论上讲，认知学习的内容更为系统和全面，从获取知识的角度而言，效率更高。但从学员的角度来讲，因为个体差异导致存在吸收和转化问题，效果上容易大打折扣。相比而言，体验式学习所带来的学员认识和行为的改变，无论从当下吸收的深入程度还是转化的时间持续性上都更有优势，但同样会存在个体差异对效果的显著影响，很难产生根本性的持久改变。

　　无论是认知学习还是体验式学习，个体差异对于效果的影响主要源于"自我觉察"的意识和能力。如果学习者有意识地寻找自己的盲点并尝试放大自己的认知，在学习活动中尝试开放地、不做预设地接受信息，主动地自我反思和举一反三，无论哪一种方式的学习，收获都是更多的，也更为深入和持久。反之，在被动地吸收和接受、对自我没有认识的情况下本能地反应和参与，任何学习方式都很难带来真正的改变和持久的效果。

　　体验式学习实际上也是一种"行为探索"的方式。其实，我们来到这个世界以后，最先掌握的一种学习方式就是"行为探索"。小时候，我们的大脑里还没有各种先验的经验和假设，怎么吃饭，怎么走路，什么叫作冷、热、硬、软……都是通过行为探索的方式来完成认知的。在行为探索的尝试、触碰过程中慢慢完成对知识和概念的认识和构建。过程中很可能会有无数次跌倒，被硬物撞伤，被热水烫到……因为事先没有对这些事情的"害怕"和"恐惧"，反而可以更为勇敢和简单地完成学习。

　　有自我觉察意识和主动追求进步的人，在日常工作生活中可以将两种学习方式结合，互为补充，大幅提升学习效率。一个现实的方法就是通过行为探索来保持和强化认知的开放。

通常而言，行为是在认知判断的指引下展开的。在行为展开的过程中，如果我们能够对事情的真实变化和进展保持观测，持续检验我们所做的判断，就能够及时对我们之前的认知或判断做出修正。缺乏过程观测和检验的行为，很容易变成决策指引下的僵化执行，行为始终局限在认知的框架之内，而没有任何机会行使"探索"的功能，打开认知边界。对于许多复杂的事物而言，所谓决策，更多地是一种原则和方向的把握，具体的执行，往往是打通路径的过程。路是需要一步一步走通的，走的过程很可能是曲折的。每一次出现波折的时候，基于方向和原则的论证，就是"找到适合自己的路"的过程。否则，即便制定了一个新的方向，做出了一个新的决策，在落实的过程中缺乏行为探索，习惯性地沿用过往的做事方式，还是走老路，这样是不可能通往新方向的。

通过行为探索，将认知逻辑变成一个人的手感、直觉和本能反应，理论与实践相结合，形成良性的互动关系，反过来有利于增加认知逻辑在应用上的灵活性，避免认知固化和僵化的问题。许多成年人学习的一个非常重要的障碍，就是先验认知对于行为探索的干扰。比如游泳，我们可以通过看游泳教学视频和游泳冠军的比赛纪录片，对所有的动作分解和要领都熟悉和记忆，但对一个不会游泳的人而言，只要下水，几乎都会先"呛水"，然后一点一点地体会和建立肢体记忆。然而一旦学会，就基本上不会忘记。

常规学习方式与"知行分离"

无论是认知学习还是体验式学习，"知"和"行"都是两件事情。要么是存在先后关系的两件事情。包括"知而后行"和"行而后知"；要么是并行的两件事情，知和行在过程中同步。

首先，"知而后行"强调"学以致用"，知道并不一定能做到。"学以致用"不仅需要实干精神，同时也需要一个人的实操能力，"知道一个道理或者工具方法"跟"能够熟练灵活地应用"是两种不同的能力训练。越是复杂的事情，"知道怎么做"跟"真正会做"之间越是隔着漫长的距离。事实上，"知的能力"容易让人们本能地夸大自己"行的能力"，在"行"的过程中遇到问题，也倾向于外部归因而意识不到自己的问题。于是，对于习惯于阅读式学习、擅长理论构建、逻辑解读等"知"的能力比较强的人而言，在"知而后行"的事情上，容易出现机械唯物主义、教条主义和脱离实际的、过于理想化的、激进式改革陷阱。当然，对于一件复杂的事情而言，一个人并不是得所有的环节都做过、都很擅长，才能对事物做出准确的判断。比如，一个大型企业的董事长，并不需要所有岗位都做过，才能成为合格或者卓越的董事长。只要有洞察事物本质的能力，就可以跨越专业、行业等外在的差异。洞察事物本质的能力体现为一个人底层认知和逻辑的打通程度。一方面，这种能力存在层次差异，并且层次越高，达到的人就越少；另一方面，这种能力的拥有也需要大量理论学习和实践历练。

其次，"行而后知"重在"总结沉淀"，会做不一定说得清楚原理，知其然并不一定知其所以然。"总结沉淀"需要基本的研究思维，在做的过程中有意识地观测和打通 PDCA 循环⊖，在一件相对复杂的事情的发展过程中，持续保持对以下问题的观测和信息收集：

- 为什么做？
- 在什么条件限制下，基于怎样的假设做了选择和判断？
- 具体做了什么？

⊖　PDCA 循环是美国质量管理专家沃特·阿曼德·休哈特（Walter A. Shewhart）首先提出的，由戴明采纳、宣传，获得普及，所以又称戴明环。全面质量管理的思想基础和方法依据就是 PDCA 循环。PDCA 循环的含义是将质量管理分为四个阶段，即 Plan(计划)、Do(执行)、Check(检查) 和 Act(处理)。

- 有了怎样的变化和结果？

- 是否符合预期的方向和程度？

- 哪些假设被验证？

- 经过验证的"对"的做法是否可放大、可持续？

- 哪些判断需要修正？

- 为什么会出现错误的判断？

- 忽略了什么因素？

- 再次做同一件事情的时候，整个过程是否能够变得更精准可控？

- ……

无论事件大小，如果没有在过程中试图努力打通 PDCA 循环，并且对努力的过程进行观测和及时记录，结束后的复盘都会流于形式，不太可能做出真正有价值的总结和沉淀。然而，擅长做事又有研究思维和意识的人往往是很少数。通常而言，人们会因为太在意结果而忽略了过程，哪怕是全神贯注地做一件事情，接通心流、跟随直觉得到了理想的结果，也往往是"模糊的正确"，很难有清晰的认知。如果经验不能借助于研究而做规律的提炼，不仅成功不可复制，而且随着环境的变化必然会存在固化和僵化的风险。

最后,"知"和"行"在过程中同步,一边知一边行或者一边行一边知,就如同上面所讲,在做的过程中有意识地探索 PDCA 循环,在做到的同时知道"如何做到",将理论假设和实践检验相结合。"知"更符合理的逻辑,"行"更多遵循的是事的逻辑。"知"和"行"都存在水平和量级差异,意味着"知行合一"是动态的、有层次的。如果"知"和"行"的视角始终是向外的,为了追求某种结果,哪怕是为了社会的、利他的结果,"我"在知行同步的过程中也会努力打通"理的逻辑"和"事的逻辑",努力做到"知行合一"。到了一定阶段,就会发现,问题的关键不在于"知行分离"的程度的显著性,而是因为"我"的局限,"知"的水平和"行"的水平都受到限制,"知行合一"的层次也就出现了瓶颈(见图 4-1)。

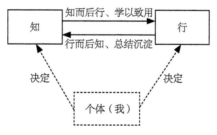

图 4-1 常规学习方式与知行分离

并且,越是复杂的事情,影响决策判断准确性的关键,往往越不在外面,而在于决策者本身的性格特质、偏好和潜在心理假设等因素。即便是一个善于自我觉察的人，意识到这样的潜在风险的存在，如果没有有效的训练方法去突破心里的种子痕迹和能障，知道也无法突破瓶颈。一个企业从几个亿的营收规模发展到几十亿、几百亿、几千亿，除去外在机会环境等因素的影响，很大程度上取决于企业家和高管团队的水平能够升级到什么程度。而真正决定企业家水平的是他内在的心灵层次，能否完成对重重能障的超越。比如，如果一个人小时候被父母忽略或者遗弃过，留下了心理痕迹，很难真正信任别人、向别人打开心扉，成为企业家之后，所有决策的底色都有追求个人掌控和安全感的因素，就会成为企业持续发展最大的障碍。到了一定阶段之后，一个人做到"知行合一"，不是外在呈现出"说到做到""做到也能讲清楚逻辑"，而是自己能对本能倾向有觉察、能对障碍完成超越。否则，更深层的"知行分离"往往会隐藏在外在的"知行合一"之下而更加难以觉察。

换句话讲，"知行合一"本身也存在层次差异，表层的知行合一背后可能是更深层次的知行分离。比如，一个一直强调社会责任感，利他，回报父母、家乡、国家的人，定期捐钱给公益事业，也为家乡投资办学，支持家乡建设。在外人看来，这是一位非常有情怀、值得尊敬的商人。事实上，只有近距离相处并且有能力看到其内心深处的人才有机会知道，所有这些行为的背后，究竟是为了个人的利益和名声，还是纯粹的利他。甚至有时候连自己也分不清楚，没有机会体会到"主观为自己、客观为别人"和"一心一意为他人"之间动态的、细微的差别，以及由此带来的"失之毫厘，谬以千里"的结果差异。

常规学习方式天然潜藏着"知行分离"的风险。"知"和"行"的主体都是"我"，只要是在"我"的注意力向外的前提下，"知"和"行"作为两件事情，无论先后还是并行，都注定了不同程度或层次的"分离"。

常规学习方式的基本逻辑

常规学习方式的基本逻辑或者潜在假设是"'我'的当下的应用，在用中提升自己"。如图 4-2 所示，个体在当下的"我的层次"（对应着相应的心智水平）基础上，遇到 A1 问题的时候，想到用 B1 的解决办法应对，遇到 A2 问题的时候，想到用 B2 的办法去解决。在这个过程中，会遇到怎样的问题以及能够想到怎样的解决办法，都是由当下的个体的水平决定的。由于学习者的注意力是向外的，在所要解决的问题上、追求的目标上或者与之相处的他人身上，虽然在解决问题的过程中，个体也会有所进步（如图 4-2 下方"个体"方框的阴影部分所示），个体在当下层次中的力量会增强，但距离层次升级（如图 4-2 上方虚线"个体"方框所示）的进步会相对缓慢。

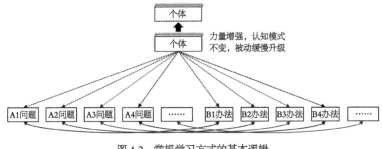

图 4-2　常规学习方式的基本逻辑

只要个体的层次没有发生显著变化，遇到的 A1、A2 的问题以及想到的 B1、B2 的方法通常都是处于一个层面的问题或者方法，背后的认知模式基本上是不变的。而且，在当下层次下应用的力量增强，必然会强化"我"对于"我的能力"的自信，故步自封往往就更容易出现。如果我们把一个人睁开眼睛之后的所有行为（包括学习、解决问题、应对生活）都看作"我的应用"，这些都属于客体，应用的水平是由"我"（主体）的能力决定的。主体的能力包括"当下层次的力量大小"和"层次的深浅"，后者是更为根本的决定因素。如果我们的注意力总是放在客体上，对于主体的变化没有感知或者没有主动去觉察和升级，学习的效率自然是不高的。

高效学习方式

高效学习方式与"知行合一"

面对外部世界的时候，人体既是接收器，从与外部的互动中获取不同形式的信息，同时也是转化器，所有获取的信息知识经由人体的吸收和转化而对外呈现。如果我们对自己没有足够的、真正的了解，对接收和转化过程中的自己没有足够的觉察，那么，学习的过程就像是存在一个中间的黑箱，效率就很难保障，如图4-3所示。直观上看，无论是接收的能力还是转化的水平主要取决于人体的主要功能，包括眼耳鼻舌身的基本功能、意识的思维功能和心识的觉察功能。实际上这三种功能所呈现出的水平又取决于"我"（主体）的能力和层次，眼耳鼻舌身意（脑）心（觉）只不过相当于"我"的门户，是"我"的作用方式。

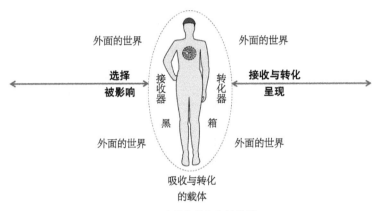

图 4-3　人体接收器和转化器

常规学习方式的主要特点是，当下的"我"遇到问题，"我"想办法去解决问题，"我"的注意力向外，精力主要花在问题或者方法上。"我"在过程中也会进步，但主要是当下层次上的能力的增强，很难发生认识模式的改变和"我"的层次升级。

与此相比，高效的学习方式是实修成长的逻辑，一切生命活动的开展本质上都是"我"的应用，学习也包含其中。无论是"知"还是"行"都是"我"的作用，如图 4-4 所示。通过"我"的作用让我有机会认识真实的自己（所谓的"动中悟"），并主动持续地完成对"我"的开发工作，层次升级优先于能力增强。反过来，"我"的作用水平的提升是"我"的层次与能力改变后"由内而外的自然呈现"。在我的作用和我的开发之间形成由内而外、相互促进的良性循环，也正是"反求诸己，内圣外王"的真正落实与实践功夫。只有这样，才能真正做到动态的知行合一，并持续升级知行合一的层次。

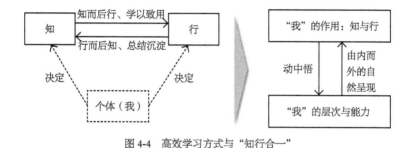

图 4-4　高效学习方式与"知行合一"

所谓层次升级实际上也是一种升维的概念。原来层次或者维度下的"正确"，因为升维之后看到的范围更大了，于是有了新的判断和标准。如图 4-5 所示，一维世界看到的是一个"点"，二维世界就会看到一条"线"，三维世界看到的则是一个"面"，以此类推。虽然人类活在时空坐标下的三维世界，但并不能确定没有更高维度的存在。从高维到低维是不断的投影和聚显，从低维到高维则是对当下的升级和超越。只有不断升维之后的"正确"才更接近世界本来的面目。更高维度的存在就像是更低维度的背景，而不是简单的延伸，在实现升维之前，低维的存在活在高维之中而并不自知。一个人认知的维度对应着"我"的层次，维度之间就像是存在不同的"界"，这个"界"对应着"我"的一重能障，如同一副有色眼镜。"我"的认知和所有反应都是透过有色眼镜看到的世界，只有摘掉眼镜，才能完成升级。动中悟的意义就在于有机会让自己意识到有色眼镜的存在，从而通过练习功夫去掉能障，破"界"而超越。

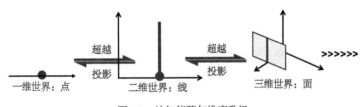

图 4-5　认知能障与维度升级

高效学习（实修）的基本逻辑

高效学习（实修）的基本逻辑在于"'我'作为学习的主体的应用和开发同步"，层次升级优先于原有层次的能力增强，如图 4-6 所示。如果个体的"我"的层次不变，遇到的 A1、A2 问题和想到的 B1、B2 方法往往是在相同或者相似认知模式和水平下的重复。虽然问题和方法基于不同情境的外在呈现不同，但是量级和复杂性基本上是差不多的，有助于个体能力在原有水平下的经验丰富化和力量感增强。个体层次升级之后（如图 4-6 中个体方框自下而上的排列和箭头所示），问题的量级和复杂性也会同步提升（C1、C2 与 A1、A2 相比，D1、D2 与 B1、B2 相比），意味着能力上的显著变化。

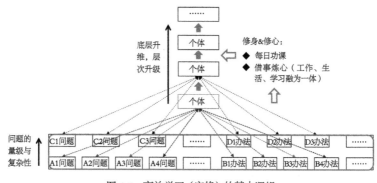

图 4-6　高效学习（实修）的基本逻辑

换个角度讲，对于某个个体而言，如果他能够借助于 A1 问题的解决完成"我"的层次升级，那么，A2、A3 等这些所有 A 量级的问题对他而言就都不再是挑战，都能够比较轻松地处理和应对。主体层次不断升级的能力提升是最为本质的进步，因此也会越来越稀缺。能力升级往往会给个体带来更多的机会，个体需要承担更大的责任，解决更为复杂的问题，反过来，个体的层次也就有了进一步升级的机会。真正善于学习的人也正是在这样的过程中得到快速提升的。

　　高效学习（实修）的基本逻辑是，因为"我"的内在最底层的存在发生了变化，原本构成挑战的问题都不再是问题。因此，改变和升级自己才是最为重要的。遇到任何问题的时候，借着解决问题认识和升级自己才是最高效的选择。从这个意义上讲，工作、生活中发生的一切事情都是认识和升级自己的机会，工作、生活和学习融为一体才是最高效的学习。与此同时，由于个体生命包含了物质生命和精神生命，是主体、能体和肉体三位一体的组合，身心之间相互影响，主体层次的升级需要身心两方面实修功夫的长期坚持。日常借事炼心的功夫更侧重于对主体的认识和觉察，同时因为当下主体层次的限制，也难免会有消耗。所以，还需要坚持做"每日功课"，每天有专门的时间，在不对外应用（不与外界互动）的情况下专注于自己身心的实修。

第五章

每日功课与日常功夫

每日功课是指我们需要每天花专门的时间用于修身和修心的功夫，通过身心持续疏通来保障"我"的升级更有可能。日常功夫指的是"工作、生活和学习融为一体"。在睁开眼睛的所有时刻，如果我们都能够尽量对自己的身心状态有所觉察，借由工作、生活中发生的一切经历完成对"我"的认识和升级，自然就是最高效的学习。当然，这需要一个漫长的、逐渐的练习过程。"工作、生活和学习融为一体"也存在程度的差异。具体而言，可以从两个方面入手：一是在工作情境中努力实现"工作、学习一体化"，通过贯通理事人的逻辑持续提升自己的能力，包括打开思维边界，提升洞察事物本质的能力和觉察力。二是在更大范围的生活情境中"借事炼心"，借助于每一次心动的时刻，突破能量障碍，实现心灵层次的深入。与此同时，在心灵没有发生显著波动的时刻，通过学习保持"在状态"和"有所觉"，主动升级心灵层次。

每日功课

修身与修心

肉体有自身复杂、精密而强大的免疫功能，肉体又是个开放的系统，时时都在发生新陈代谢和与外部世界的交互。一旦肉体有病毒或者细菌侵入，发生病变，或者运转不通畅，就会发出相应的信号，免疫系统也会做出反应。如果我们的注意力一直都在外面或者精神因素上，久而久之就会对肉体的信号变得不敏感。与此同时，主体在获取各种信息、知识和概念等的过程中又会产生许多关于健康的认知，这些认知一旦脱离了对自己身体的敏感觉察和实际感知的基础，反过来就会形成干扰，干扰免疫系统自身功能的发挥，甚至对免疫系统造成破坏。

　　这里讲修身的主要目的是让我们恢复对自己身体的敏感度，保持主动的觉察和有意识的管理，用适当的方法对肉体和能体做训练，掌握健康的自主权。一方面，修身有利于肉体本身的健康；另一方面，作为心灵的载体，肉体的疏通也更有利于我们对精神生命的认识。物质生命的健康和持续，是一切生命活动开展的基础，给精神生命的升华提供更长的时间和更多的可能。

　　所以，修身的目的是健康和疏通，而不是外形的美观和好看。反过来讲，为了追求身材好看和外观美丽的一些做法和生活习惯，反而可能会对健康造成损害。比如，为了追求时尚和流行，在气温比较低的秋冬季不注意保暖，就有可能导致寒气进入体内，成为长期健康的隐患。随着年纪的增长和自身抵抗力的下降，与体寒相关的健康问题就会逐渐暴露出来。

　　修身的办法有很多，包括运动、瑜伽、站桩、静坐、打坐等。对于不同的人而言，在不同的年龄和身体阶段、不同的时点和不同的状态下，对修身的方法需要灵活选择。对别人有用和适合的方法，不一定适合当下的自己，我们需要在体验不同方法的过程当中根据自己身体的真实反应做出选择和调整，找到自己的方便。

　　关于修身方法的选择，有几个注意事项。第一，无论采用什么样的方法，整个过程都是训练自己觉察身体的机会。

在"方法"与"自己身体的真实反应"之间建立对应关系，来验证方法究竟带来了怎样的效果，是否适合自己。如果是疏通的、释放的、适合身体承受力的，让身体朝着通、软、暖和空的方向变化的方法，就是适合自己的对的方法。第二，尽量减少主体的干扰。比如，任何方法往往都需要一定时间的坚持才会有明显的效果，如果一个人的主体总想找到捷径而不断更换方法、无法坚持，就很难看到效果。比如，马拉松等极限运动有利于肉体的健康，也有利于意志和心性的磨炼，刚开始的时候容易有各种念头干扰，一旦坚持到后面，就会进入一种接近于"无念"的精神状态，让人感觉到前所未有的轻松。与此同时，如果有人执着于这种美好的精神状态而过量运动，反而会造成膝盖等的功能损伤。第三，能够让身心同时得到训练的方法可以优先选择。比如，站桩、静坐和打坐这样比较静的方法虽然没有带动肢体的运动，但在促进肉体通畅的同时，有利于念头的疏散和意识的净化，对修心也有帮助，相比于常规运动而言，反而是更有效率的方法。第四，对于身体相对柔弱的人而言，可以通过每天坚持走路散步的方式锻炼身体，也可以坚持做一些用体不用心的工作或者家务而让身体尽量处于适度的运动状态。行走的时候尽量全身放松，脚跟着地。第五，良好的生活习惯非常重要，尽量按时作息，定量饮食。对于普通人而言，睡眠是最重要的补充精神的方法，肠胃和消化系统是维持肉体能量补充的基础，需要避免暴饮暴食或者不规律饮食、作息对身体造成的损害。

修心主要是指我们对自己主体的认识、主体力量的训练和层次的升级。虽然睁开眼睛后（有意识和知觉的情况下）的一切活动都是主体的作用，但对很多人而言，对主体存在的感知是日用而不自知的。对于"我"的认识，身心浑然在一起而分不清楚，只有一个总体的人体的存在感。

实际上，人们对于身心一体的感觉大致会有几种情况和不同的状态。一种情况是身心混沌的一体，也知道自己的特点，却没有"我是做主的存在"的切身感。另外一种情况是"不同程度的身心分离"，有的人更在意精神的愉悦感，甚至有精神洁癖，而对肉体不太敏感；有的人更容易沉迷于肉体或者物质的快感，精神比较无感和空虚。许多身处竞争环境中的职场人士，经常会处于身体被动跟着精神的状态。注意力完全沉浸在工作之中，被工作的节奏追赶着，无论是成就感还是焦虑和压力，身体完全是被动跟随的状态。人们在精神高度聚焦或紧张的状况下，往往不会觉得累，实际上很可能只是因为对于身体太不敏感而已。一旦松懈下来，身体的损耗有可能会加速呈现甚至瞬间崩溃。有的公司设置工间操环节，其实是个不错的调节方式，让员工在工作中飞速运转的精神能够暂时停下来、慢下来，有机会跟身体在一起。

当然，如果一个人能够持续开展"认识自己和成为更好的自己"的实修训练，对于身心一体的体证就会越来越丰富和精微，不仅能够清晰地认识到主体、能体和肉体的存在与相互作用，而且对于它们各自的持续动态改变的认识也是清晰的。清晰是能够真正做主的前提。

修身和修心的首要目的是掌握健康的主动权，其次才是在此基础上对精神生命的认识和持续升华。要想实现健康，首先就需要了解健康的原理，健康是包含精神生命和物质生命的主体、能体和肉体三位一体的系统健康。一方面，我们可以通过改变能量场的方式让自己的身心状态有所改善。比如一个人在高压力和快节奏的工作环境中经过连续高强度的工作而感到身心疲惫的时候，到人比较少、能量场比较空旷的自然环境中就能感到放松。相当于我们自己的能量场在与环境的能量场平衡的过程中，身体中的能量杂质得到了稀释和置换。跟为人比较正气简单、能量场干净而有力量的人在一起，也可能会有类似的效果。另一方面，环境的改变和所谓"蹭他人的能量"是一种借力的方法，只要我们不改变造成身心不健康和负荷太重的生活方式，对身心没有觉察和主动的改变，一旦回到日常的生活当中，身心里面的能量垃圾就又会迅速积聚。所以，每日功课尤为重要。

所谓的"每日一课"主要是指每天都能花一部分时间（半小时到一小时，长度根据每个人的条件和需要灵活掌握和调整）专门用于修身和修心的功夫。时间如果能够固定（早晨起床后或者晚上睡觉前）当然更好，如果不能，原则就是"做总比不做好"。之所以强调"每日一课"，一方面是因为身心的改变需要时间，无论是肉体从不健康、亚健康到健康的转变，还是心灵层次的持续升级，都需要时间，长期坚持不懈的功夫是必要条件；另一方面，一个人在睁开眼睛之后的时间里，注意力很容易被外部事物牵引，很多时候消耗是身不由己的。如果能够有"每日一课"的时间，相当于在这段时间里，注意力能够收回，专注到自己的身心之上。从保障功夫效率的角度讲，"每日一课"是必不可少的。

认识自己的实修学习主干道

无论是每日一课的专门练习，还是工作、生活和学习融为一体的日常练习，初衷和目的都是走上"反求诸己，内圣外王"的学习道路，用最高效的学习方式，持续不断地认识自己，成为更好的自己。"认识自己"是为了"成为更好的自己"，只有"成为更好的自己"才有能力和有可能真正"认识自己"。"认识自己，成为更好的自己"是"反求诸己"的核心意义，贯穿于实修学习的整个过程，并指向最终的目的——内圣外王，也就是找到精神生命的根（即生命实相），回答"我是谁"的命题，如图5-1所示。

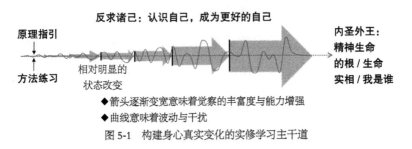

◆箭头逐渐变宽意味着觉察的丰富度与能力增强
◆曲线意味着波动与干扰

图5-1 构建身心真实变化的实修学习主干道

"原理"是指"反求诸己，内圣外王"的成长逻辑，个体在它的指引下，选择适合自己的方法，包括每日一课的练习，以及工作、生活和学习融为一体的日常练习。从自己当下真实的状态出发，通过长期坚持练习，一方面让自己有能力真正认识自己，另一方面自己也在持续发生变化。换句话讲，认识自己的能力（主体的觉察力）和自己的状态（身心状态、三位一体的状态）都会随着练习的持续而发生变化。图5-1中每个横向大箭头最左侧的小竖线代表实修过程中比较显著的阶段性变化，箭头逐渐变宽意味着觉察的能力在增强和觉察的丰富度在提高。

曲线代表着波动和干扰。因为能够觉察到更为丰富的变化，变化会吸引注意力，产生负向或者看似正向的干扰。一旦被干扰，就容易忘记学习的初衷和目的，"走着走着忘了为什么出发"。看似正向的干扰主要是指实修练习带来的身心的好的改变，比如，身体的沉重感减轻、气色变好、心力更足等，因为满足于好的改变而有所懈怠，或者因试图抓住好的感受而偏离了"认识自己和成为更好的自己"的主线。负向的干扰主要是指身心出现的看似不好的变化或者针对自己状态的负面归因。比如，一个人随着实修练习的持续，有可能会把身心当中过往沉积的障碍也倒腾出来，短期内看起来身体的病症更显著了，或者心里开始出现恐惧了，从实修进步的角度来讲，类似的反应很可能是功夫有效的证明，是好的变化，但很容易导致负面的归因。另外一个常见的干扰来自"与他人的比较"，如果我们对自己的变化没有构建衡量的标尺，当看到别人变化的时候，对于自己进步的快慢就会缺乏客观如实的判断，而且衡量的标尺会随着比较对象的变化而变化。

我们把实修过程中能够始终不忘和贯彻"认识自己"的工作，称为"构建身心真实变化的实修学习主干道"。它相当于构建认识自己的进步参照系，通过及时记录自己身心的真实变化，形成一把衡量自己变化的标尺，并在实修练习和状态变化之间建立对应关系。这也是需要主动、反复练习的能力。在实修进行的过程中，如果只关注实修练习本身，而不注意描述和记录自己真实的变化，那么这把标尺就无法形成，无论状态好坏都容易"知其然而不知其所以然"，很容易因受到干扰而忘了初衷。而且，因为方法和状态变化之间没有形成对应关系，也就没有能力主动选择和调整练习方法，保障学习效率。

概括地讲，"构建实修学习主干道"就是要"及时记录自己身心的真实变化（尤其是发生明显变化的时候），并在实修练习和状态变化之间建立对应关系"。如何记录自己身心的真实变化？首先，状态变化包括三位一体的整体改变，描述和表达也要尝试包括主体、肉体和能体的改变。但因为每个人当下觉察能力的差异，能够感受到什么就表达什么，坚持做起来就可以。其次，表达在体感之后。"实修练习带来状态改变，然后再尝试描述和表达变化了什么"，顺序不能颠倒，才能保证记录的是"真实的状态改变"而不是源于假想和构造的东西。再次，需要留意区分"一时的变化"与"稳定的、掉不下去的变化"之间的差别，只有后者才意味着真正的改变。最后，如同"觉察力的提升是在试图提升觉察力的训练过程中逐渐实现的"一样，清晰表达的能力也是在持续练习清晰表达的过程中逐渐得到提升的。

工作、学习一体化

工作情境中常见的学习障碍

身处职场中的人，无论主动还是被动都会面临学习和成长的命题。大量的社会组织，为了跟上和驱动行业及社会进步，实现可持续发展，都会投入专门的人力、物力和财力用于员工培训，尤其是核心干部的培养。整个社会投入到在岗人员身上的培训成本是巨额的，却依然存在几个比较普遍的障碍。

第一，人与工作分离。环境在变化，工作岗位的要求在提高，许多人看似很努力，为了工作加班加点，同时也参加了许多培训学习，工作能力和工作结果却看不到显著的提升和改变。仔细观察就会发现，他们在面对工作的时候，经常处于以下的思维和行为习惯当中：

- 为了做而做。

- 习惯了怎么做就一直怎么做。

- 领导让怎么做就怎么做。

- 前任怎么做就一直照着做。

- 把制作文本方案作为工作成果而不关心执行结果。

- 把工作结果当成目的。

- ……

举个简单的例子，一个服务于基层员工的在线学习系统，如果内容有价值的话，员工的在线活跃度自然就会提升。"在线活跃度"是"学习内容质量提升"的自然结果。当企业把这个指标拿来考核级别比较高的管理者时，为了实现这个指标，管理者会把在线登录次数跟员工的奖惩关联起来。这就是所谓的"把工作结果当成了目的"的做法，听起来似乎这样的错误太过明显，事实上在许多企业里面，类似的情况却非常普遍。

第二，人与组织分离。在一些组织当中，大喇叭（代表公司立场的声音）没有小喇叭（处于不同位置的员工的声音）响。个人需求超越公司需要或者个人认知与公司需要不匹配，导致协同困难和机构臃肿。因为"你的立场、我的立场、他的立场没有基于公司的立场完成统一并且是动态统一"，导致每一次群体会议或者沟通都有可能演化成基于各自解读的"罗生门"，没有共识也没有合力。人与组织分离还体现为员工缺乏集体荣誉感，遇到问题的时候想到的是回避和免责，而不是奋不顾身地解决。组织横向专业分工之后产生本位主义，协同困难。纵向层级之间秩序混乱，包括上下级博弈、上级越俎代庖、下级责任上移，以及上级决策效率低下导致"一将无能累死三军"等问题。

干部队伍存在不同程度的"理事人"贯通水平的缺陷。这种缺陷首先体现在经营的价值链之间。比如，基于业务逻辑划分的流程的上下游之间各讲各的道理，供研产销之间基于专业逻辑相互制衡。其次，体现在经营和管理之间。比如业务型的干部善于解决问题而不善于总结沉淀和建立规范，职能型的干部善于构建逻辑和理论框架却无法从现实出发解决问题，导致经营、管理两张皮。再次，体现在管理规范与人之间。制度流程越来越繁杂，却缺乏对人心和人性的理解，应用僵化而不解决问题。比如，采用末位淘汰的绩效考核制度试图增加员工的危机感和激活员工，却反而导致博弈的加强。最后，体现在他人和自己之间。所有的学习和能力提升都是为了更好地管理他人而对自己没有足够的觉察，问题的瓶颈却往往就在自己身上。比如，作为领导，对待自己和他人不能双标，评估同一级别甚至同一岗位不同下属时的尺度不能双标。大多数情况下，领导们是"本着不要双标的原则而事实上在做双标的事情"却自我没有觉察。事实上，真正有意要双标的人，反而可能没那么容易被别人看出来。

导致以上比较普遍的问题存在的一个核心原因，就是"工作和学习的分离"。培训工作中一个关键的难点就是"转化"问题。能力越强的人，越能体会到"大道相通"，能够把看似简单的道理贯穿到所有复杂事物的细节当中，变成自己思维和行为的习惯。但对于大多数人而言，面对通用的原理和规律，往往只能产生模糊的相应感⊖和浅层的共鸣感，要么是不明就里的高深感，要么带着轻视或者麻木的心态把道理看成鸡汤就一笔带过了。因为没有感同身受，所以很难真正明白简单道理背后的丰富内涵，无法在具体的工作情景当中进行应用，反而容易造成更多的概念污染、眼高手低的现象。

如果学习的内容是跟学习者自身情境接近的经验分享，又有可能带来学习者"不顾自身条件约束的、教条主义的僵化借鉴和形式模仿"。通过角色扮演等体验式学习的方式，吸收和触动的效果会有改善，但也无法彻底解决转化的问题。

⊖ 相应感，即相互感应一致的感觉。

学习本质上是自己的事情，需要从每个人当下的能力水平出发，持续进步和提升。如果学习者自己没有主动学习的意识和高效学习的能力，学习的效果自然就很难保障。

换句话讲，只要工作和学习变成两张皮，培训转化困难的问题就很难从根本上解决。相当于我们每天都在工作，大部分的时间都跟工作在一起，在一个工作岗位上长期投入大量的精力，却没有去琢磨和研究如何能把工作持续做好，遇到问题的时候，却试图在工作之外询问他人怎么才能做好。工作和学习之间分离才是制约学习效率的关键。

工作不仅仅是要完成目标和达成结果，同时也是承担工作的人探索"如何持续做好工作的方法和规律"的过程。工作的过程是最好的"提升工作能力"的训练场景。如果在工作的过程中，人们的注意力更多地被压力、短期目标以及目标所关联的奖惩所牵引，心就偏离了工作中最重要的部分（探索做对的手感和规律）而用到了别处。企业投入大量的时间、金钱去做员工培训，教了员工大量的知识概念、工具方法、逻辑经验等，却没有教会员工"什么叫用心工作"，让员工成为一个"会工作和会学习的人"。企业最需要的是会思考和有判断力的员工，而不是只会听话的员工，前者才是组织创新和生命力的源泉。会思考和有判断力的员工不仅自己不会僵化，拥有持续改善和创新的能力，反过来还会倒逼和促进领导及组织的持续进步。

当然，所谓"会思考和有判断力"是需要训练的能力，"僵化和麻木"的反义词并不等于"会思考和有判断力"。如果员工没有掌握正确的工作和学习方式，乱提意见、胡思乱想，不被采纳的时候还觉得自己"怀才不遇"、公司鼓励员工创新的倡议"言不由衷"。比如，一个基层员工因为读了几本书就站在董事长的角度空谈企业文化，完全脱离企业的现实情境；一个法律咨询服务公司的基层管理者提出"增设下午茶休息时间，提高员工福利"的要求而不顾公司的项目人员安排和进度要求。这不仅不利于激活员工和促进创新，反而扰乱了组织秩序，破坏了正常的员工心态。概括地讲，企业需要的是有清晰自我、不断追求进步的员工，而不是没有自我的听话却僵化的员工，也不是处于散乱自我状态的、对自己能力缺乏客观认识的员工，他们主观上在努力，客观上却很可能在添乱。

这里简单介绍一个典型的案例。无印良品是大众熟知的一个日本杂货品牌，成立于1980年，历史上曾经经历过长期的发展困境。2001年公司亏损达到人民币2.3亿元，股价也在一年时间内下降了5/6。松井忠三社长临危上任以后，无印良品第二年就扭亏为盈，不仅摆脱了过往的困难局面，还实现了非常快速的发展，成为一个全球性的品牌。

在松井忠三先生对无印良品的改革过程中，最为关键的是两本指南。一本是"MUJIGRAM"，即无印良品店铺所使用的经营指南。另外一本是"业务规范书"，是将店铺开发部门和策划室等本部业务整合到一起的指南。在两本指南中每项工作的开篇，无论工作大小，首先都会注明"为什么要进行这项工作"，也就是"工作的意义与目的"。指南并不只是告诉员工"该如何行动"，更重要的是避免员工偏离"为了实现什么"这一工作目标。比如，店铺橱窗展示的目的是"吸引过路人的目光，让他们产生兴趣，最终使他们走进店铺"，围绕这一目的，"塑料模特的摆放"就变成员工需要持续琢磨、积累经验和产生灵感的工作，而不是一件日复一日简单重复的僵化的工作。

"只有明白了工作的意义，才能够发现问题点和需要改善之处"，是松井忠三制定指南时的基本假设。无印良品的两本指南不仅是培养执行能力的教材，更是引导员工自己思考"如何工作"的指针。换句话讲，指南不是为了工作标准化而标准化，而是为了培养全体员工"学会用心工作"的能力，在工作的过程中持续探索如何做好工作的方法和提升自己的能力。只有这样，所谓的标准化才不会造成僵化。员工在面对工作的时候，能够始终从工作目的出发，灵活反应，持续改善，而不是"为了做而做"，或者"要求怎么做就怎么做"，只有这样，才能赋予指南持续优化的鲜活的生命力。正是有了两本指南为基础，无印良品通过其他一系列与之相配套的机制设计，带领公司进入全员创新和持续改善的管理状态，支撑业务实现了跨越式发展。

工作、学习融为一体

从社会发展的角度讲，各行各业本质上都是在做教育。用全体员工的能力和心智成长支撑企业使命与发展，以德配位，才是真正的长期主义。如果认识不到这一点，或者不能把这一项工作落实为组织运行的日常，成为全体管理干部的基本工作要求，在工作中帮助员工成为"会工作和会学习的人"，将工作和学习融为一体，实现"工作、学习一体化"，那么，无论组织对于干部培训与员工培养工作的投入有多大，都一定是事倍功半的结果。

如何实现"工作、学习一体化"？我们用一个简要的框架说明（如图5-2所示）。从事一项工作，我们所具备的基本的专业或者经验基础，作为基础的"理"的存在。工作的过程实际上就是应用和验证我们对工作的想法、假设和判断的过程，实际上也就是我们的"理"的应用、检验和放大的过程。要想实现"理"在"检验中不断放大"而不是"简单封闭的重复"，就必须基于"事的逻辑"，探索"事的规律"。

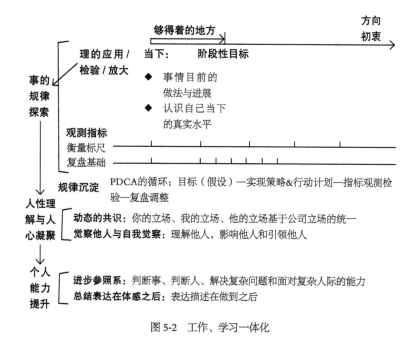

图 5-2　工作、学习一体化

通常而言，"理"所代表的理论认知、逻辑框架、规律模型等，往往源自专业领域的纵深研究。越是复杂的事情越是跨越专业的，需要遵循事物本身的运行逻辑完成专业之间的贯通，并反过来进一步升级各个专业领域的理论认知水平。与此同时，跨越专业的复杂的事情也意味着需要不同领域的人的协同才能完成。重大而复杂的事情，如果没有过程中的人性理解和人心凝聚，即使想法再好、事情再正确，也往往很难达成。

一项工作的主导者，在工作推进的过程中，一方面，需要基于对事情的探索打通专业认知的边界；另一方面，由于事情当中包含着不同人的参与，也需要完成对人的影响、调动与组合。"理"的边界的放大、对事情规律的感知，以及对他人的认识、对自我的觉察，只有在"理事人"之间实现贯通后，才能支撑一个人的能力真正持续地提升，并且变得越来越稀缺。在此前提下，工作目标的实现会是自然而然的结果，并且是长期可持续的。从具体操作的角度，我们围绕几个关键的思维和行为参照点，做一下展开说明。

第一，初衷、方向与当下

面对任何一件工作时，首先需要思考"做这件工作的目的和意义是什么"。简单地讲就是"为什么要做"和"要做成什么样"。这就是所谓的初衷和方向问题，是一切工作的起点。"初衷"本质上源于一个人对生命意义的追问，即"怎么活才感觉有意义"。初衷也存在层次差异，并且会发生变化，跟一个人的心灵层次和成长阶段有关。"方向"是指初衷落实到现实的生命当中所呈现出的比较具象化的目标，意味着道路选择和路的指向。比如，某个人的初衷是"为职场人士提供最高效的学习方式，降低全社会成年人的学习成本"。初衷落地的方式可以是多样的，不同的道路选择意味着不同的方向，可以是"成为一名最好的职业学习教练"，也可以是"创办一家能够帮助职业人士实现长期进步和由内而外改变的教育培训公司"，也可以从用户角度去定义，"帮助 ×× 位职场人士熟练应用高效学习方式并实现职业生涯的高速成长"等。

社会规则范围内的各行各业都有其存在的价值，无论选择哪一条道路，长期的方向必须符合事物发展的基本规律和社会进步的要求。比如，商业的发展趋势符合人类文明进步的方向，进步意味着企业能够提供"价格越来越低同时品质越来越好"的产品或服务，并且减少资源的消耗和浪费，保障资源的再生与可持续，在供求之间逐渐实现平衡，满足人们的物质需要，同时促进精神文明建设。当然，各行各业包括整个社会都有持续进步的命题，短期内受到发展阶段的局限，可能会出现局部的不公平、不合理、不完善，包括恶性竞争、劣币驱逐良币之类的情况存在。但拉长了时间，只有符合基本规律的个体和组织才能跨越周期，走向长远，体验到别人无法体验到的生命存在的价值和意义感。

长期的方向会以目标的方式落实到具体的工作当中，包括短中长期的目标。无论个体还是组织，用对的方式做对的、自己擅长的事情，收入、利润、规模、投资回报、来自他人的尊重等，是自然而然的结果。如果把结果当成目标，就容易"用不对的方式做不对的事情"或者"用不对的方式做对的事情"。比如，为了收益触犯法律和道德底线，更关注销售技巧和销售目标的达成而不是产品和服务的持续改良等。即便短期内达到了目的，长期也不可持续。

判断和权衡方式或方法的依据是初衷，而不仅仅是目标。举个例子，一个企业的初衷是"做一个承载中国文化精神的世界性品牌"，目标是"××年之内规模和利润达分别到××元和××元，粉丝级用户数达到××，实现A股主板上市"。这家企业长期发展的关键在于产品（包含功效、使用便利性、形象、服务、故事内涵等）是否好到能够承载中国文化精神。当然，好的产品往往需要持续研发才有可能逐渐实现。另外，酒香也怕巷子深，好产品也需要让更多的人知道和使用，进一步促进产品改良。因此，企业就需要在产品研发的投入和销售目标的实现之间权衡，基于初衷来选择方式与把握平衡。否则，如果仅仅基于目标来选择经营管理的方式或方法，就会把更多资源投入到销售实现而减少甚至忽略产品研发的投入。逻辑是"只有规模才有影响力，盈利能力才能支撑上市，上市后有了影响力才能实现企业的初衷"，其中隐含的一个逻辑悖论就在于，"用伤害消费者的方式来实现增长，而增长反而是为了成就消费者"。即便短期的不规范是为了长期的规范，通常也存在底线和分寸的问题，需要反复确认"初衷"来当裁判，而"初衷"也需要在这样反复的确认中变得越发清晰和坚定。

如果说"初衷"在开始阶段是一个内心的想法和追求，就像一个小小的火苗或者想要去往的一个模糊的地方，那么随着事情的进展，每一次的重大选择和基于初衷的目标确定，都是在做强化火苗和面对模糊方向瞄准的工作。在做所有的选择和决策时，要以初衷为判断标准，让选择不偏离初衷，在初衷和行为之间建立对应关系。不忘初衷不是个愿望，也不是个挂在墙上的原则，只有一以贯之的行为努力，才有可能真正做到"不忘初衷"。

"当下"包括自己的真实水平以及自己所从事的事情的现状（目前的做法与进展）。当下是初衷和目标落地的起步点，离开了当下这个关键的参照点，理想就会因为脱离现实而变得缥缈，再好再对的事情都跟自己没有关系。当下的关键是资源条件的限制，在任何一个时点做一件事情，通常都是有限条件下的行为努力，只有行动起来才能让实操的能力真正在自己的身上着地。从这个意义上讲，回到当下才是做事情和学习的开始。

第二，够得着的地方与观测指标

目标是指引工作开展的导航。越是复杂的事情，越需要清晰的目标指引，始终朝着清晰的目标去努力，才能保障资源组合效率的最大化。如果目标距离当下太近，只是关注和追求当下水平的提升，那么方向就会变得遥远。如果没有方向的引领，进步的速度就会变缓，甚至懈怠，理想的实现就会变得遥遥无期。如果目标距离当下太远，看似与方向和初衷之间的距离更靠近，却容易失去对现实工作的统筹和指引作用。所以，我们需要短中长期的目标，在当下和长期方向之间搭建阶梯，一步步地建立关联关系。

阶段性目标实际上就是"短期目标"，是基于当下的参照点、不偏离长期目标的同时又能有显著进步的目标，也是所谓"够得着的地方"。制定目标的关键就是在"当下"和"长期方向"之间确定够得着的位置，把理论上相连的一条线，通过一步一步落实的努力，开辟出一条自己的道路，这条道路也会在持续开辟的过程中变得越来越宽阔。

　　复杂的事情往往很难直观地判断对错和因果。如何在定义三个参照点"当下""方向"和"初衷"的情况下保障三者之间是一致的，尤其是在落地的过程中能够始终保持一致？一个核心的方法就是"主动地建立观测指标"。"观测指标"是指一件事情如果做对了或者有效果，会带来哪些指标上的变化，哪些变化是长期的，哪些是暂时的，指标变化之间是怎样的关联和逻辑关系。这就相当于我们要在一个事情不断发展和复杂化的过程中，构建一套观测指标来帮助我们检验效果和把握方向。比如，一个日用品公司的产品比较分散，主要体现在 SKU 比较多、销量分散、库存居高不下等，想要提升新产品的研发效率，在研发环节做了用户调研、优化研发流程、调整研发组织和机制等工作，到底有没有产生预期的效果？效果是否符合公司长期的发展方向？如果只有模糊的总体销售和利润数据是无法获得准确答案的，也就无法指导工作的持续调整与改进。为了检验效果，就需要主动观测"不同系列、不同价位产品的动销率、售罄率，以及在引流、转化与复购等不同环节的表现，购买产品的客人的特征，新产品的整体投资回报，细分系列的投资回报"等指标的数据作为决策依据。当然，数据的获取也有成本，在能够承受的情况下，提升决策精准度的成本支出是必要的。

对于企业组织而言，如果只有笼统的结果指标用于考核，缺乏足够细致的过程观测指标，就很容易陷入短期结果导向，"知其然而不知其所以然"，不仅不利于组织沉淀和团队成长，还有可能引发考核激励环节的上下级博弈。如果经营结果理想就内部归因，不理想就外部归因，却无从论证，搞不清楚真相，便既找不到问题改善的切入点，也没办法及时复制和放大做得好的地方。从这个意义上讲，观测指标作为事情发展过程的记录，是复盘总结工作的基础，否则，复盘就容易变成简单的流水账，总结也容易变成过往认知经验下的归因强化。

第三，动态的共识与人心凝聚

复杂事物的发展或者复杂的事情要想持续推进，往往没有现成的和确定的道路。环境、资源总是变化的，需要所有参与其中的人在方向的指引下，从当下出发，通过共同的努力逐渐走出一条道路。实现目标的过程也是开山辟路的过程，是积累为开山辟路而协同作战的能力的过程。

作为事情的参与者，尤其是主导者，不能仅仅关注事理上的合理性。路是大家在方向和目标一致基础上共同走出来的，基于方向和目标一致的共识是高效协同的前提。在共识的基础上才有可能实现共创和共享，保障集体组合效率的最大化。首先，共识需要系统而逻辑严密的目标分解体系来保障，让个体的努力不偏离总体目标的要求。如果企业没有对总体目标基于个体要求完成分解和定义，个体按照各自的理解去努力，就有可能存在"没有价值的努力"，再加上绩效考核的局部利益的牵引，甚至在做阻碍公司发展的事而不自知。其次，达成共识需要一个动态的过程。即便组织基于总体目标完成了个体目标的分解，在实际工作开展过程中，随时有可能出现新的情况，每个个体所处的位置不同，获取的信息不同，认知也不同，仍然有可能出现"走着走着就偏离"的情况。所以，还需要有效的会议与信息共享机制，保障个体的努力能够始终不偏离组织目标实现的主干道。

无论是共识、共创还是共享，都离不开人与人之间有效的沟通。有效沟通的基础是对他人和自我的觉察。沟通的目的是共享信息、影响他人和获取他人有效的反馈，前提是开放和平等。由于大家的立场不同、专业背景不同、认知不同、对问题的解读不同、能力水平也有差异，面对同一个复杂问题进行讨论时，出现不同的想法和意见就很正常，每一次表达自己意见的机会，都是向他人传递自己的逻辑或理念的机会，同时也是通过他人的反馈验证自己想法和扩大自己认知范围的机会。

道理很简单，能够真正做到并不容易。在实际开展工作的过程中，沟通不畅往往是人与人之间协作最主要的障碍。问题的关键就在于沟通者缺乏对他人和自我的觉察，让自己陷入沟通的泥潭当中，不仅不解决问题，还极大地消耗了自己的能量。举几个常见的例子。第一，人和事搅和在一起，带着对别人的假设（比如认为同事能力不行而嫌弃，觉得领导处事不公而有所担心，认为下属做事不用心而心存不满等）去沟通事情，只要对方表达不同意见，就迅速印证了自己对对方的假设而生发情绪，无法就事论事。第二，与人沟通的时候，只顾着争论道理而看不到人的反应。明明对方已经听不下去了或者在某个地方卡住了却毫无意识。第三，自己认为显而易见正确的事情，对方却无法接受，便陷在自己的逻辑里面，无法理解对方的反应，没有试图从对方的角度寻找原因，找不到解决问题的切入点。第四，表面上是在争论事情，实际上是情绪的相互点燃。看起来各说各的，所说的意见之间并不矛盾，实际上相互传递和获取的情绪信息是彼此的否定和对立。

　　人与人之间的分歧，往往是主观上对与对的争论，而不是客观上对与错的矛盾。无论是同事之间、上下级之间还是亲人之间，还是存在显著能力落差的两个人之间，只要沟通的目的是影响他人，都需要保持开放和平等的心态，对他人和自我保持觉察。只有保持开放和平等的心态，才能让对方在放松的情况下展示真实的想法，自己才能听到真实的信息和反馈。沟通的时候眼睛里有人，才能基于对方的反应而随时灵活地调整表达的语言、语速，用别人能够理解的方式和听得懂的语言让对方明白。而这些的基础是对自我的觉察，觉察力的提升总是在试图提高觉察力的训练过程中逐渐实现的，从当下的情境中有意识地做起，就是进步的开始。

工作情境也是领导最好的带教下属的训练场。每一次针对问题的沟通，都是最好的教人"学会工作和学会学习"的机会，也是练习自己觉察能力的机会。下属要么是认知存在问题，陷入经验主义或者还没有做就各种假想；要么是心态问题，比如，搞不清楚自己岗位的责任边界，刻意迎合领导而没有原则，回避冲突当老好人而没有承担管理者的基本责任等；要么是能力问题，比如，工具、方法不会用或者思维发散而缺乏系统设计能力等。领导在跟下属沟通时，不仅要安排工作和解决事情，更重要的是，要针对下属的不同状态，借助对事情的处理完成对人的教导。

个体的能力、认知和经验总是有限的，无法保障时时处处都正确。与他人协作时，打开别人内心的大门，在人心凝聚基础上进行的共创才是最有生命力的共创，才是能够引领复杂事物持续走向成功的利器。

第四，PDCA 循环与规律沉淀

面对一项重大而复杂的工作以及里面所包含的大大小小的细分工作，如果不仅关注目标和结果，而且在整个过程中持续探索"事情做对的思路、逻辑与方法"，那么，PDCA 循环就会成为贯穿所有工作的方法，并且是有效的研究和沉淀规律的方法。

大大小小的事情基于 PDCA 循环串连和嵌套在一起，PDCA循环的每一步又包含了"理事人"的综合考虑。如何确定目标和计划？如何更有效地动态执行？如何监测和准确识别问题？如何及时有效地调整？每一步都基于该步骤的目的和方法而真正做扎实，并且追求相对于以往的持续进步，不是为了做而做，不是追着文本结果走形式，那么，个人成长、团队进步、组织核心能力沉淀就是自然而然的结果。如果我们把组织当作一片土壤，产品和服务是上面长出的庄稼，那么日常经营管理工作的开展，最重要的意义就在于对土壤的改良、研究和开发，这样一来，财务指标和其他发展指标的呈现是自然而然的结果。换句话讲，借助于阶段性目标的实现来完成对组织土壤本身的开发，能支撑长期可持续的发展与增长。如果一个企业在经营管理工作的开展中，凡事不能做得彻底，许多重要的工作（比如用户洞察、年度目标计划预算、人才盘点等）都围绕着文本成果走形式的话，就像是在地面之上一圈一圈空转，每一个环节都从未真正深入到地底下使土壤真正得到改良，那么，长期发展自然就无从谈起。

第五，个人能力提升

如果我们能够尝试将工作和学习结合起来，在承担工作的过程中，本着"执行力是对结果负责的能力"的原则，有意识地跨越自己的专业边界，建立对"事的逻辑"的手感，并且在过程中建立对他人和自我的觉察，那么，越是重大而复杂的工作之后，一个人的成长就会越为显著，是包含了"判断事、判断人、解决复杂问题和面对复杂人际"的综合能力的提升。反过来，这些能力也是我们建立自己的"进步参照系"、阶段性检验自己是否真正进步的标准。

与此同时，定期对自我能力提升进行总结，有助于提升我们的觉察力。所谓"总结表达在体感之后"主要是指，当我们在总结经验的时候，如果事情是自己真正做到了的，所谓的经验就是对自己实际体感的描述和表达。这样的表达可以是灵活的，不局限于具体的概念和文字本身。反过来，如果没有真正做到，即便表达很流畅，显得很专业和资深，表达也只是表达而已，无法跟自己建立真正的关系。一个人真实能力的高低，是由"做到"定义的，而不是由"知道"定义的。所以，秉持"总结表达在体感之后"的原则，有利于我们建立对自己状态的客观真实的了解。

第六，能力贯通与洞察本质

工作、生活和学习融为一体的方法训练，要求我们不仅关注工作的目标和结果，避免把结果当目标，而且在过程中持续打通"理事人"的逻辑，实现一个人综合能力的提升。从个人内在成长的角度，一方面有利于原有心灵层次的力量增强和经验丰富，另一方面也有利于觉察力的提升和对自我的觉察。

心灵层次的力量增强以及觉察力的提升，从外在呈现上讲，主要体现为一个人洞察本质和解决复杂问题的能力，也可以看作贯通底层逻辑的能力。贯通的能力在尝试贯通的过程中会层层夯实。从任何专业切入都可以在承担工作的过程中不断实现能力贯通，直到究竟。反过来，每一步的贯通，都可以让一个人在面对和解决问题时能够接触到更大范围的专业差异。

图5-3中圆圈意味着"理事人贯通的程度与量级"，代表着一个人能力所能涵盖的层面和范围，颜色越深，贯通的范围就越大。对应着虚线三角形底部的小黑点意味着"触底的

深度"，即所谓的洞察本质的程度。"贯通的能力"意味着"打底的能力"。触底的层次有多深，决定着应对外部世界时，能够涵盖的复杂性有多大、面有多宽。触碰底层逻辑的能力本身也存在层次差异，需要心灵力量的增强，更重要的是，跟一个人心灵的层次是相对应的。只有无从再深入的时候，才是真正的底部，只有当"内圣"的水平是探究和接通了生命真相的时候，才是究竟的根部。换句话讲，底层逻辑的意义就在于，你的底能够到达什么深度，你的逻辑就能贯通到什么程度，对于真理就能接近到什么程度。图 5-3 中实线尖角朝上的三角形则代表着人才的金字塔分布特征，随着能力贯通覆盖面的放大、专业差异化和问题复杂性的增加，能够达到的人会越来越少。

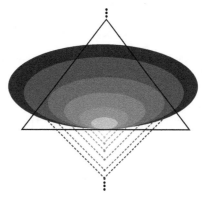

图 5-3 能力贯通与洞察本质

　　"理事人贯通的程度与量级"意味着"理的专业边界放大""事的重量级和复杂性增加""所涉及人员数量增加和人员层次与种类的复杂程度增加"三者是同步的和相互支撑的。"理的专业边界放大"天然就伴随着"事的重量级和复杂性增加""所涉及人员数量增加和人员层次与种类的复杂程度增加"。如果"理的放大"不是基于"所能承担事的量级的增加"，"理的专业边界放大"很可能只是停留在知见上的逻辑自洽，体现为一个人的知识面很宽，专业范围的拓宽只是一种松散而浅层的知识概念的增加，没有真正实现底层的贯通。于是，就会与现实的复杂性和具体性之间隔着距离，看不到复杂事件更为深入的和潜藏的影响因素，听着有道理，却无力真正解决问题。与此同时，如果一个人没有在"洞察人性和凝聚人心"上实现能力增长，即便勇于担当，所能够承受的事情的量级也一定会有局限，并且往往会伴随着自我的过度消耗。如果"理的放大"不能伴随后面两者的同步升级，对应到图5-3中，就相当于没有底部虚线三角形的深入，圆圈虽然看似在放大，却很容易营造一种"自以为什么都知道"的错觉，知行分离的放大更容易让人飘在空中，脱离真实。

　　工业社会以来，专业分工的精细化为我们提供了能力纵深发展的可能。世界是一体的，真理只有一个，从一个细分领域出发，如果本着理事人打通的逻辑，就能在专业边界放大的同时持续增加探底的深度。反过来，真正解决问题、探寻事物的本质或者追求真理的需要，也必然会驱动我们拓宽专业的边界。这样的拓宽建立在底层逻辑和规律打通的基础之上，而不是简单的、松散的知识概念的增加。

我们用一个职场新人进入企业后常见的职业发展轨迹作为示例简要说明。一个学习人力资源专业的大学毕业生，进入公司之后，如果只会测算工资奖金数据、做工资表、办人事流程、组织安排面试等基础工作，那就只能做专员。如果能够熟练使用专业工具，能够组织几个人一起对相对完整的事件（比如一场招聘活动、一场培训活动、每月全公司的薪酬绩效测算等）负责，差不多可以做主管。如果能够围绕人员管理打通招聘、培训、薪酬绩效、人事管理等细分专业，几块工作之间能够关联思考和系统设计，就可以做经理。如果能够打通业务和管理之间的逻辑，以业务的需要为基础完成人力资源管理制度体系设计和安排各项工作，保障和促进公司业务目标的实现，就有可能成为总监。更进一步，如果能够对公司战略、业务逻辑、组织和人都有深入理解，能够前瞻性地思考和推动组织变革，推动公司人才梯队建设、干部培养和组织新陈代谢等，就会在组织中有更进一步的发展，成为副总经理甚至是总经理。再进一步，基于经营管理的系统逻辑打通不同行业、不同发展阶段企业之间的差异，并且对商业逻辑的升级方向、科技进步的社会意义以及社会发展的趋势有敏感的觉察，就能够跨行业发展。以此类推，这个人的能力还可以继续贯通下去。从这个意义上讲，职位晋升意味着能力贯通水平的升级，而不仅仅是在原有岗位上表现优秀。

英国地理学家、地缘政治学家哈尔福德·约翰·麦金德（Halford John Mackinder）曾经说过："知识是统一的整体，它分化成各个学科是对人类软弱的一种让步。"人们一切的学习和进步本质上都是为了接近终极的真理，终极的真理指"生命与世界的真相"。从这个角度出发，我们用学问依次包含的关系展开。首先是科学、宗教和哲学的探索，然后科学包含了自然科学与人文社会科学，人文社会科学包含了社会学、心理学、文学、历史学、政治学、经济学和管理学等，管理学又包含了战略、营销、组织、财务、人力资源管理等，人力资源管理又包含了招聘、培训、薪酬绩效等。学习和成长的路径则是从每个人当下的能力水平开始，反向贯通，直到不断接近和抵达真理。

概括地讲，工作、生活和学习融为一体对社会组织而言，可以最大限度地降低成年人进入社会以后的学习成本，对个体而言，也是最高效的学习方式。为了实现工作、学习一体化，我们需要在工作中完成三点最重要的方式转变，养成新的工作、学习习惯。第一，从关注结果转变为关注过程。无论承担任何工作，除了关注最终结果，更重要的是，通过工作过程跑通组织链路，实现组织内部跨职能和层级之间的高效协同。第二，从关注事转变为关注人。每一次沟通，都是影响他人的机会，在工作的过程中实现不同岗位角色之间的动态共识，从而培养人与人之间超越岗位身份的配合默契与协同作战的信任关系。与此同时，对于管理者而言，领导力最好的训练机会也在每一次的沟通当中。第三，从关注他人转变为关注自己。一个人觉察力的提升是在试图提升觉察的训练当中实现的，能力贯通的程度拓展是在不断承担更为复杂工作的过程中逐渐完成的。要想穿越复杂而丰富的人性和人心的丛林，理解和影响差异越来越大并且自我感强大的他人，就需要自我觉察力的持续提升。只有内在持续而深入的心智成长才能支撑起外在的人性洞察和人心凝聚。

理事人的逻辑打通

工作、学习一体化要求我们在面对工作时，不仅关注工作的结果和目标达成，而且借助于工作完成的过程实现自身能力的持续升级，在理事人之间实现逻辑贯通。如图 5-3 所示，一个人解决复杂问题所涵盖的专业领域边界越宽，意味着能够洞察本质的底层越深。通常而言，一个人能力提升和成长的路径，就是沿着图中圆圈从下到上依次实现更大范围能力的贯通。圆圈既意味着专业领域的范围，也意味着解决问题的复杂性程度，其中自然包含着对于一个人在理、事和人的能力上不同程度的要求。通常而言，不同的人基于各自的特点及成长经历，对于理、事和人的能力会存在侧重，有人更擅长理（如专业领域的深度探索与理论构建），有人更擅长事（如对事的逻辑敏锐，能解决复杂问题），有人更擅长人（如对人性的理解和人心的洞察）。随着一个人的成长，越往上层的能力贯通，同时也是接近源头的底层逻辑贯通，就越需要理事人之间逻辑的打通。能力可以有所侧重，但在洞察问题本质时的逻辑必须是贯通的。

为进一步说明理事人之间的关系及逻辑打通的意义，我们用图 5-4 示意。"理"对"事"有指导和引领的作用，做一件事情的时候，我们首先会思考"目的和方向是什么""用什么样的方法""需要什么样的资源""怎么检验是否做对"等问题，这就是"理"的能力的体现。对应到一个企业而言，如果我们把"理"看作不同的专业领域的话，企业的商业逻辑决定其所涵盖的"理"的范围和种类。在企业的组织当中则体现为不同职能、不同层级的部门和岗位构成的复杂度。

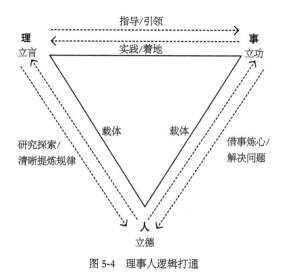

图 5-4　理事人逻辑打通

"事"对于"理"而言，是让"理"得以实践和着地的过程。任何听起来理论上合理和激动人心的商业逻辑，都只能从当下够得着的地方一步步做起，所有的想法只能通过实践才能变成真实客观的现实，并且推动事情进展的每一步都往往是在有限资源和条件下进行的。对应到一个企业而言，"事"就是企业的生存与发展，所有的专业组合都围绕这一目的展开。"理"基于任何一个专业领域都存在纵深程度的差异，不同的程度意味着资源条件的水平和价值的差异。企业经营是有限资源组合的持续努力过程，资源禀赋没有最好，只有最合适。与此同时，只有企业发展了，资源条件的水平才会得到相应提高。从这个意义上讲，"事"定义了"理"的需要，并且是"理"的价值的证明。如果没有"事"的定义，"理"就容易飘浮在空中。

"人"既是"理"的载体，也是"事"的载体，对于理的施展和事的解决，人都是实现者，只是参与方式和程度不同而已。不断琢磨和放大"理"的过程，有利于训练一个人的研究探索能力和清晰提炼规律的能力。事情的进展过程则是训练一个人解决问题的能力和借事炼心的机会。一个人在"人"方面的能力既包括对他人的觉察、理解以及在此基础上的人心凝聚，也包括对自我的觉察和自我心智的持续开发。对于一个企业而言，如果只是关注企业的生存和发展，人员的组合和能力提升服从于企业的需要，更侧重于"应用的满足"，而不是主动地对人的心智水平去做升级和开发，员工培养和工作开展变成两张皮，那么，不仅容易面临人才队伍认知僵化和经验固化的问题，传承和接续也会是更大的考验。所谓"他人"，除了公司内部的员工之外，还可以进一步推而广之到企业生存环境中所有可能的相关利益者，包括最终用户、上下游的合作者、竞争对手和政策制定机构等。如果一个企业对经营行为所及之处的人性和人心没有理解，缺乏洞察，尤其是当一个公司的影响力足以触及更多、更为复杂的人心组合时，潜藏的风险往往是巨大的。如果说"事"的逻辑让"理"能够着地，"人"的逻辑则相当于让"事"在发展的过程中同时努力生长出根系。有根的组织，才谈得上穿越时空和时代的精神的延续。

　　用君子三立的概念做个简单的对应，"理的探索"相当于"立言"，不断探索规律并借助于文字等方式共享与传续。"事的承担"相当于"立功"，强调行动、社会实践与责任承担，把事情做起来，为他人和社会建设做出切实的贡献。"人的教化"相当于"立德"，面向精神生命的源头持续开发心智，提升生命的品质与层次。一个人对于生命真相的探究、精神生命的持续升华，不仅能够在自己的身心上由内而外地活出来，成为一个鲜活的人格样本，而且将此传递下去，便是最好的人心的教化。人类社会的发展需要回归到"人"的原点，"人"需要回到生命的原点。"人"是人类社会一切发展的载体，社会发展本质上也是为了人心的开化和文明的进步。所谓"各行各业本质上都是在做教育"，意义就在于此。

举个例子说明。有些公司的专业职能部门，无论讲话还是写报告、出方案，用的都是专业术语、逻辑、理论框架和工具方法，公司的管理水平却始终没有什么显著改善，比如，原本存在人才欠缺、管理干部能力有缺陷、考核指标短期导向并且相互博弈、经营数据提取与分析的水平无法支撑精准决策等问题，几年之后仍是。每年都在致力于解决这些问题，持续开展培训，信息系统也持续投入和升级，一直在招人，但问题似乎始终得不到解决。实际上，这些专业职能部门的负责人把自己绕在了"理"的框架当中，没有跟"事情的持续解决"真正关联在一起。所以，他们的方案和报告貌似很专业，却飘在空中，说得都对，却全都是笼统的、模糊的语言，找不到能够真正落地的切入点。比如，为了激活组织，所以要优化绩效管理，强化考核激励。问题是，我们要激活的是当下一个真实的具象的组织，这个组织目前是什么情况？为什么要激活？不够"活"的地方和原因究竟是什么？激活的方法都有哪些？怎么选择？如何判断激活的工作取得了进展？类似的问题识别和答案一概没有。结果就可想而知，工作的意义变成了关起门来不断生成悬浮在空中的报告和文本，自己可能还浑然不觉。这就好比种树一样，每一次抡起锄头，都没有着地，而是在空中抡了一圈。结果不理想的时候，以为是锄头不好用，不够用力，或者抡的速度不够快，姿势不够好。真实的原因却是，无论怎么抡，只要不着地，都跟土壤、种树没有真实的关系，都不可能真正解决问题。

结合上面的例子，如果"理"相当于锄头之类的工具和抡锄头的方法姿势，"事"就相当于现实的种植，锄头要一次一次切实地落到地上，使人对当下这块土地的土质形成真实的"手感"。"人"则相当于不仅仅关注一棵树播种之后的外在生长，同时或者说更重要的是要关注土壤的养护和这棵树在土壤下面的根系的生长（见图 5-5），也就是抡锄头的人们的心智是否在持续升级并且传续下去。

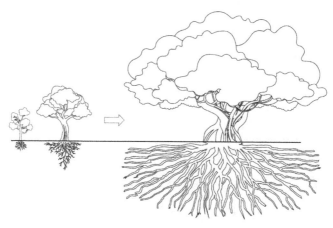

图 5-5 理事人的关系

一个人如果持续追求成长，"理事人"能否实现贯通，以及贯通的程度与量级，定义着个体真正的水平和能力。只要"理事人"之间不能实现贯通，都属于"不接地气"，相当于耕地的时候没有真正刨进土里。有一种人不接地气是"直接飘在空中"，夸夸其谈、不着边际，讲的都是大道理，看似逻辑合理，却跟现实之间隔着距离，落不了地。与之相比，还有一种人属于"滑着地皮的不接地气"，也曾看过不同的土壤，应用过各种最新的工具，看似对工具很熟，对土壤也很熟，却仍然没有什么力量感，也很难打动别人。因为过往他们在操练的时候，动作虽然娴熟，工具却最多只是从地表滑过，没有真正刨进土里，所以就缺了一种对地面以下的手感和一锄头就能挖到根的洞察力和底气。这样的人往往会讨厌那些飘在空中的、不接地气的人，却很难理解和意识到自己的不接地气。

使用专业工具和方法要么是为了让树苗长得更茁壮，要么是为了养护土壤而可持续地种植。不能因为沉迷于工具的华丽和高级感以及手握工具熟练舞动时的错觉而忘了耕种的目的本身。所有的工具，只要是没有刨进土里，看起来再娴熟的动作都只能算是花架子，要么是工具本身不行，要么说明使用工具的人还没有真正学会使用工具。为什么在许多企业组织里面，业务干部通常显得更接地气，因为他们的目标性比较强，他们是实干出来的，即使没有工具，徒手作业，也要把树种好。当然，他们可能面临的问题是，因为不习惯和不会使用工具而无法放大产能和开展大面积科学种植。而许多管理型的干部和职能型的工作人员，报告方案写多了之后，就容易沉浸于方案本身的逻辑自洽和思路方法、工具模型之类的高级感里，渐渐脱离了土壤本身，忘了初衷。

与此同时，即便是刨进了土里，也有深入程度和力量的差异（分别意味着探测的深度以及每一个深度的层面所能影响的范围和面积），也就是所谓"理事人贯通的程度与量级"。所以，理事人的贯通是动态的、持续升级的，伴随着"理的专业边界放大""事的重量级和复杂性增加""对人性和人心的丰富与复杂性理解加深"的趋势。从不接地气到一步步接地气，再到逐渐探底和掌握大面积改良土质的能力，需要本着"理事人贯通"的原则，一步一个脚印，持续地学习。

借事炼心

　　按照高效学习方式的基本原理，认识和升级自己是最重要的，只要自己内在的心灵层次和力量发生改变，原有层次中的问题就都不再是问题，层次升级优先于原有层次的力量增长，升维是最重要的。一个人最根本的成长是"我"的层次的升级以及由此带来的力量增强，对外的呈现是能够解决越来越复杂的问题和洞察本质，并且以最低限度消耗自己为前提。站在更高的维度，面对低维世界的存在就是简单的"看见和知道"，不需要费力分析和预测，是接通着电源的长久看见，而不是燃烧自己的短暂照亮。

　　每日功课是为了让我们能够把注意力拉回到自己身上，专门去做觉察和疏通自己身心的功夫，不仅有利于身体的疏通，同时也可以释放念头和情绪垃圾。如果找到合适的方法，也可以直接做层次升级的功夫。工作、生活和学习融为一体的训练在试图打通理事人的逻辑的过程中，更侧重于训练理事逻辑的贯通和对他人的觉察，有利于训练一个人原有心灵层次的应用水平和力量。其中，自我觉察是一切的基础，同时又是最有难度的。否则，因为注意力还是容易被外在的目标和事情所牵引，虽然原有心灵层次的力量得到增强，层次升级依然会相对被动，并且不够清晰。从这个意义上讲，我们应该把注意力的重心始终放在自我觉察上，不仅使工作、生活和学习融为一体，而且在睁开眼睛的一切活动中，觉察自己，认识和完成自我的升级，因为工作、生活和学习本质上就是一回事。在此基础上，工作和生活的持续改善，都是不断得到升级的"我"的自然呈现。

如何把注意力的重心始终放在自我觉察上，并持续升级自己？大致包括几个关键的步骤。每一步都不是道理和原则，而是需要通过长期切实的练习来逐渐提升自己的能力。

向内求是进步的起点

反求诸己（向内求）是内圣外王的前提和起点。基于我们对生命的系统认识，每一个人面对外部世界做反应时，都是精神生命（主体，我）主导下三种功能（眼耳鼻舌身的基本功能、意识的思维功能和心识的觉察功能）的作用和发挥。对外呈现出的能力差异本质上源于每个人的主体所在的层次和力量的不同。层次和力量的呈现跟一个人身上的典型特质相对应，从小到大一切经历中所有在意的信息，无论是刻意的还是不经意之间都会进入心里，加上先天因素的影响，成为人们认知和反应世界的模式和本能，同时也构成了一个人认识世界和他人的屏障。

睁开眼睛之后的所有活动都源于"我"的判断和选择，呈现出"我"的偏好、特点、障碍和当前的认知水平，反过来就是认识自己的机会。尤其是当我们与他人互动时，看起来是在沟通和交流某个事情或者话题，以语言、文字或者肢体动作为载体，实际上是各自心灵层次的相互碰撞，这是更为潜在的和起决定性作用的载体。只要互动中遇到不顺畅或者冲突，产生"为什么，怎么会，凭什么"之类的疑问，就意味着自己的内在还存在屏障。这个时候，通常会伴随着心理的波动感，多半是情绪和不舒服感。与此同时，面对外部世界时，因外物而在内心生发出美好的感受进而产生沉浸和执着，对于"内圣外王"的学习而言，也是一重障碍，因为沉浸的享受会让人停留而不再进步。

无论遇到任何事情都能将"注意力始终关注自己的内在"，并不容易做到，因为这跟我们平时习惯的反应方式是相反的。通常人们在工作生活中的关注点都是向外的，尤其是遇到事情的时候，重心也会向前移，要么纠缠于事情和人本身的对错好坏，要么执着于情绪的对抗与发泄，沉浸其中，久久无法释怀。不仅无法借事炼心，不能发现自己的能障、完成超越，反而还会强化某一重屏障。

"向内求"在做不到的时候就像是个道理，只有做到了才能变成自己的一种能力和状态。而"做到"只能从当下出发，通过一次次努力尝试做的过程而慢慢实现，没有捷径可言。为了更好地练习，有几个小的技巧可以参考。

- 做不到之前，反复强化"向内求"的道理，遇到事情的时候，增加让自己能够想到"应该向内求"的机会。
- 平时有意识地练习把注意力收回到自己的身上，在刷牙、洗脸、扫地等用体大于用心的事情上，放慢动作，把注意力收回来，跟每一个动作合在一起。
- 日常工作和生活时，只要不是很紧急重大的事情，尽量放慢反应节奏，可以用手捂着心口，体会由内而外反应的感觉。

- 心被事情或者人触动之后，只要意识到自己陷入情绪了，就做收回注意力的努力。如果念头飞速流转而做不到，可以通过喊几嗓子、去 KTV 等方式，先把对外纠缠的念头切断。

- 如果靠自己不行，可以找在这方面能力和经验比自己强的朋友，通过朋友帮忙让自己从情绪中放松下来，让关注点能够收回来。

- 只要情绪能够缓和下来，就尝试去想"当前发生的事情对于自己以后的进步而言，有帮助的 1～3 个方面"，强化自己"凡事都做积极而正向转化"的能力。

举两个小例子说明什么是"向内求"。有个朋友的女儿正在上高中，有天中午，朋友情绪激烈地打来电话，下午他要去学校见老师，担心自己压不住火，想确认下他的要求是否合情合理。原来，朋友的女儿在学校被另外一个女孩打了耳光。到老师那里争执的时候，打人的女孩听到打人属于校园暴力，她要被开除的说法后，情绪更加激动，一边嚷着"反正要被开除，那我就多打两下"，一边又冲上去打人。朋友听说后非常生气，想到学校竟然有行为如此恶劣的小孩，实在可怕，认为这件事情是显而易见的校园暴力，不需要额外的调查和调解工作，学校必须做出公正严肃的处理，立即开除打人的女孩，否则自己女儿在学校的安全就没办法保障。听完朋友义愤填膺、语速飞快的讲述，我跟他讲："事情已经发生了，先冷静下来、沟通的目的是妥善解决问题，带着情绪一定解决不了问题，反而容易激化矛盾。所以，先冷静一下，别着急，慢慢讲。"因为过往我们有交流类似话题的基础，所以，朋友的情绪也就缓和了下来。

于是，我继续跟他讲："学校里有制度规定，学校和老师肯定不愿意看到这样的事情发生，更不希望以后还有类似事情发生，他们有责任做出公正妥善的处理，不仅对两个孩子负责，而且对更多的孩子也能产生正确的引导。所以，除非你的孩子不打算在这所学校里继续上学，否则，对你而言，最好的方式就是保持对学校和老师的信任，用你的信任督促他们给你一个合理的保障。不要因为受到了伤害，就一味地表达强势。与不管不顾地表达强势相比，心态平和地表达信任是更有力量的施加压力的方式。"听我分析完，朋友的心情变得缓和。

当天晚上，我们又进一步做了沟通。"如果你能够让自己和女儿都保持冷静，有一件事情最重要，你应该跟女儿一起对整件事情做一次详细深入的复盘。甚至你可以尝试着客观地了解一下那个打人的小孩。生活当中，我们遇到那种没有任何缘由就是要伤害别人的、极恶的人的概率是比较低的，父母教育背景和家庭经济情况都不错的小孩，这种概率更低。对于绝大多数的普通人而言，以牙还牙的心态、情绪相互激发是常见的情况，任何两个人之间的关系都是互动的结果。学生都知道打人会受到惩罚和付出代价，在这种情况下，一定是情绪受到强烈激发才会瞬间失去理智地打人。你要带着女儿去回顾和觉察，自己究竟做了什么？在什么情况下激起了对方强烈的报复冲动，就算是受到惩罚也要让别人不舒服的冲动？小孩的人生还很长，总要独立面对社会，你不可能随时都在她身边。无意识中招惹别人，触发别人的报复冲动和恶意，并且对此毫无觉察，才是真正风险的源头。"朋友听后陷入了深思，长出一口气，表示这件事一定得做。感觉他有点沉重，估计是因为意识到教育小孩确实不容易，不是一味地替孩子出头、让孩子有安全感就可以，而是无论发生任何事情，都能带领孩子完成内在成长，而这一点并不容易做到。

另外一个例子。有个被公认工作能力强却高冷的朋友，经常纳闷，明明自己对人都很谦和，与人交流工作经验时从来都是尽量没有保留地分享，"知无不言，言无不尽"，为什么总有人说自己高冷？努力追求专业能力提升有错吗？怎么一讲话，就被人说高冷，甚至不讲话也给人这种感觉？他曾经在年会发言时说过："被自己欣赏的人欣赏是一种幸福"，还经常被身边的朋友提起。这话没错呀！这位朋友的本意是提醒从事咨询和培训工作的人，一定要谨慎冷静地评估自己的能力和进步。被自己欣赏的人往往才有专业的判断力，他们的意见才更值得作为判断自己能力是否有提升的依据。否则，收到本身就不够专业的人因为不明就里而发出的称赞时，以为自己水平很高，就会变成进步的障碍。因为骄傲的人往往自己是不知道的。

直到后来一直尝试着"凡事向内求"之后，朋友才发现了真正的问题所在。别人觉得他高冷是一种客观真实的感受，没有什么道理可言。之所以让他人觉得高冷，是因为这位朋友在与他人交流工作问题时，参照点放在了自己身上——明明很简单的问题，对方怎么就是不理解和反复问呢——而没有去仔细体会对方究竟是卡在了什么地方。这位朋友本身又是一个一直追求进步的人，对没有遇到过的复杂的问题更感兴趣，简单的问题重复多了就会心生勉强。这个时候的沟通，虽然自己感觉一直在保持温和与耐心，实际上已经透着股"谦和的不耐烦"，语言、表情、体态等都会不经意间流露这种内在的感受，向对方传递着专业的差距感。不仅沟通的内容没有达到真正让对方明白的目的，还让对方记住了一种"被俯视"或者"被嫌弃"的感受，高冷自然就变成了他在别人眼中的标签。这位朋友自从意识到自己的问题，完成内在的一重突破之后，沟通效率和影响他人的能力都得到了显著提升。

做难而正确的事：向内求

"做难而正确的事"是贝壳公司创始人左晖所坚持的行事原则，我们在这里借助他的这句话再阐述一下"向内求"的意义。

为什么要坚持做"难而正确的事"？左晖认为，一般情况下，对的事情都很难。容易的、走捷径的事情，大家都会愿意做，但是走捷径的事情往往是错的。用正确的方式做事情就是很难，所以他希望能够推动大家去做一些今天看起来很难，但对明天其实更好的事情。对于"难"，他认为有两个维度。第一就是要创造价值，如果不创造价值，仅仅获得结果没什么意义；第二是你在选择路径的时候，要选难的路。"战略是一个确定地点的事情，首先你要知道 A（当下的位置）在哪儿。很多人描述不清楚 A 在哪儿，就是今天你到底在哪儿是不知道的，当然就说不清楚 B（要去的地方）了。确定了地点之后，有无数条路可以过去。在选择路径的时候，有容易的路，有难的路，我们往往选择难的路。"

概括一下其中所包含的几个核心要点。第一，做正确的事，以及用正确的方式做事，往往就是难的。第二，"难"是因为天道酬勤，人间正道是沧桑，不创造价值而获得结果没有意义，也不符合常理，尤其是拉长了时间看。第三，复杂的事情没有简单的对错，做正确的事，需要我们对当下的位置是清晰的，这样才能清楚目标在哪里，做正确的选择。而"用正确的方式做事"，就要选择难的路，因为容易的、走捷径的路往往是错的。

问题的难点就在于，对应到人们各自具体的工作生活情境时，如何判断什么才是"难而正确的事"。许多走捷径的人并没有意识到自己一直在试图走捷径，甚至在听到左晖的这句话时还会深感共鸣。因为"难"的判断很容易受到一个人主观感受的影响，只要不是能够轻易获得的、没有一帆风顺的、感到吃力的或者纠结和难受的，感觉上都是"难"的。而"正确"又很容易陷入逻辑自洽之中，一个基于自己认知的简单逻辑假设，就可以让自己坚信自己的选择和做法是正确的。比如，一个人开了一家餐厅，年纯收入100万元，然后他就想着要开连锁店，认为10家店就可以赚1000万元，100家店就可以赚1亿元。一个消费品品牌与一位腰部主播合

作，一场直播的 GMV⊖实现了 2000 万元，于是就想着找 10
个这样的主播，每人每年合作 10 次，就会有 20 亿元。一个
女装公司在全国的商场开了 500 家门店，为了业绩增长，收
购了另外一个只有 100 家门店的其他风格的女装品牌，想着
在自己现成的渠道中帮收购品牌多开出 100 家店，让业绩翻
倍，而且一下子就走上了多品牌的战略道路。

类似这种简单的数字加法和乘法逻辑，只计算财务数字
表面的量变结果，而看不到背后所需要的经营管理逻辑发生质
变的支撑，听起来似乎幼稚得有点可笑，却依然广泛地存在于
现实当中。试图用简单的加法实现快速增长，就是在试图走捷
径。背后的逻辑是，在不升级自身产品研发、供应链体系和运
营效率等的基础上，用量产、广覆盖的方式（多渠道、多品类、
多区域等）维持和加速增长。总觉得在原来的赛道和战场获得
增长很难，想着多一个赛道就是增量。事实上，只要产品和服
务本身的实力不能持续显著地升级，不能实现更有效、性价
比更高、更便利和服务更好等，哪个战场的竞争都不会容易。

过往中国经济几十年的持续快速发展，包括全球化的驱
动，已经让大家普遍习惯了一种快速增长的逻辑。作为企业，

⊖ GMV，全称 Gross Merchandise Volume，即商品交易总额，指一定时间段
内的成交总额，多用于电商行业，一般包含拍下未支付订单金额。

每年制定目标的时候，都在关注如何增长，哪怕实现策略和路径论证不清楚，演化成基于数字目标和考核激励的博弈，也一定要增长。管理团队为了完成当年任务，拿到当年激励，所做的决策和行为是否都有利于企业的长期可持续发展，变得没那么重要，没有人会去真正深究，先完成这一年的任务再说。连续几年业绩增长的企业，一定是好企业吗？其实未必，许多过去追求当下利润的企业，内部经营管理水平都相当简陋，并且严重依赖老板或者几个核心高管的个人能力，可持续性严重堪忧。反过来，如果一个企业低增长或者不增长，就一定是没有前景的企业吗？或者就会失去竞争力吗？显然不是，企业可能为未来的产品升级加大了研发投入，为人才的储备和成长增加了投入。没有规模就一定会经营不下去吗？好像也不是，一家餐厅也可以在不扩张规模的情况下通过品质提升而抬高门槛、打造品牌、产生溢价，成为长盛不衰的老字号。

对于个体而言，好像我们也习惯了定期加薪或者升职的预期，哪怕自己并没有什么实质性的进步，并没有为组织创造更多的价值。如果一个年收入百万元的职业白领，调整生活节奏，一年半载没有收入，就活不下去了吗？显然也不是。个人收入和家庭资产持续增长，就一定可以带来更好的生活水平吗？物质生活或许看起来可以，一个人的精神世界却有可能更加焦虑、紧张或者虚无，家庭关系也有可能因为时间投入的不够和不平衡的加剧而走向恶化。

我们虽然从来不问自己凭什么增长，却没有办法接受"不增长"或者"低增长"，不能接受"没有拥有更多"或者"没有变得更加优秀"，哪怕这些跟自己的幸福并没有什么必然的关系。人们就好像是坐上了一辆高速前进、速度越来越快的疯狂列车，停不下来，也不知道应不应该和怎样才能放缓下来。一个习惯了被外在填满和总是拿外在进行比较的人，甚至已经失去了跟自己相处的能力。如果哪天不用上班，或者因为疫情出不了门，心一下子就会变得很慌和空落落的，产生一股无法释放的焦虑感。当人们已经不会慢下来和静下来的时候，也就只能快和焦虑了。最近很多人都在讲"内卷"，并且感觉"内卷"似乎是无处不在的。实际上，"内卷"意味着在原有机会和模式不变的情况下，没有增量创造能力基础上的零和博弈，好像有人多，就得有人少，大家都努力的话，门槛就会抬高。事实上，一方面大家"内卷"的感觉越来越强烈，竞争似乎已经压迫得人们喘不过气来，另一方面几乎在社会生活的所有领域都仍然存在极大的改善空间，结构性不平衡所导致的机会也到处都有。我们真正需要的，不是陷入表象内卷所营造的压迫感和焦虑之中，而是问问自己，让我们感觉"卷"的那些存在是自己真正需要的吗？

所有问题的关键就在于，人们的注意力习惯了都在外面，获得安全感和存在感的依据也在外面。就连学习这件事情也变成了"向外求"，通过大量阅读和听课的方式，让自己处在一种形式化的学习状态，别人一年读 100 本书，如果自己一年读 200 本书，就感觉自己更上进和更努力。大量阅读经典书籍，显得自己很好学和博学。只要一听到有知名讲师的课程或者优秀企业的案例学习，就积极参加。学习似乎占据了自己生活的许多时间，然而究竟学到了什么？除了记住一些概念、名称、模型、逻辑之外，一个人在工作、生活中的表现和状态很可能并没有发生什么显著的改变。

有一个很有趣的现象，许多企业里的中高层管理干部，一直都在学习如何当一个高效的管理者。无论是自己还是所在的企业都为此付出了大量时间和成本。几乎所有知名讲师的课程都组织学习了，经典的书也都读过了，标杆企业的案例也专门组织过研讨，甚至还有同业交流和企业参访等。其结果是概念、道理之类的理论知识越来越耳熟能详，有效沟通、目标管理、如何开会、如何用人长处等基本能力依然没有什么显著提升。这样的管理者时常会请别人推荐一些管理学的书，经常会追问"还有没有别的"，因为别人推荐的书他基本上都看过了。实际上，所有经典管理书籍对于高效管理者的总结，存在着高度的一致性。时间管理、以终为始、要事第一、用人长处、有效决策、目标管理，这些概念虽然在表述上存在差异，但强调的意思基本上都是一致的。没有成为高效的管理者，不是因为还有什么书没有读到，还有什么道理和法则不知道，而是因为普遍被认可的这几条没有真正做到。

彼得·德鲁克在《卓有成效的管理者》一书中指出，现代社会是由组织化的机构所构成的社会，知识工作者已经取代体力劳动者成为组织里的主力。对于知识工作者而言，智力、想象力及知识等才能作为重要资源，并不等于成果，只有在工作中完成转化才能产生效益。组织无法对知识工作者进行严密和细致的督导，只能协助他们。知识工作者本人必须管理自己，自觉地完成任务，自觉地做出贡献，自觉地追求工作效益。因为，谁也不知道一位知识工作者在想些什么。然而，思考却正是他的本分，他既是在思考，也是在工作。所以，德鲁克特别强调，有效性不是一门课程，而是一种自我训练。换句话讲，如果知识工作者不能经过长期的自我训练而提升自我的转化能力，将"以终为始、要事第一、用人长处、凡事彻底"等特点变成自己的思维和行为本能，持续提升自己的觉察力，知行分离就会是不可避免的结果。

"做难而正确的事"，如果只是个道理和原则，并不难理解，也很容易引起共鸣。然而，对于真正能够做到并使之成为自己思维和行为本能的人而言，这句话意味着功夫和能力，是实相而不是道理。能否做到取决于一个人内在心灵的假设，而这样的假设又源于一个人在长期一步一个脚印的实践中对于自我内在开发的结果。真正能够做到的人，一定是向内求的。他们坚信"用创造价值的方式获取回报"才是人间正道，工作对于生命的意义不仅仅是结果的获取，更是在目标实现的过程中对劳动者人格尊严的挺立和生命光彩的焕发。因为相信"德不配位，必有灾殃"，他们必然会是"长期主义"的奉行者，因为一个人内在人格的锤炼和德行的增长需要时间，一个人与人协同的企业组织的打造和集体合力的形成同样需要时间，人心的打开和凝聚需要在一次次应对重大挑战的过程中完成，需要艰难的磨合过程。在一个复杂而没有现成道路的事情上，始终坚持用正确的方式去做正确的事情，不仅需要时时提防自己过往认知逻辑和经验可能造成的局限，还要抵挡各种外在杂音的干扰，并且可能还需要承受不被理解的孤单。与此同时，也正是在这样"难"的过程中，才能成就一个人超强的洞察力、内心承受力和果敢的执行力。

马克斯·韦伯有一句名言："人是悬挂在自己编织的意义

之网上的动物。"如果我们对"自己的编织"没有觉察，也就只能活在"意义之网"的范围之内了。所以，"向内求"的关键是自我觉察和超越。有几个关键的要点可以帮助我们检验是否在"向内求"。

第一，注意力向内，才有可能认识和觉察自己。向内并不是看不到外面，而是由内而外的反应都是知道的，在内外贯通状态不断的情况下，重心稳定，没有因为太在乎外部事物而向前倾斜。如前文所述，遇到问题的时候，重点要觉察"我"有怎样的感受，有没有情绪波动，"我"是不是在理性和平静的状态下对事物完成了尽可能客观和如实的认识。想到解决办法的时候，需要有意识地问问自己，还有没有其他的可能性，尤其是除了过往习惯性做法以外的可能性。在遇到问题和解决问题的过程中，不仅仅关注事、关注相关的人，更重要的是关注自己，借助于对事件反应的过程提升自我觉察的能力，完成对自我习惯认知的放大。还有一个需要格外注意的事项是，注意力向内的前提是真实，我们要认识的是真实的自己，而不是带着人设的伪装或者压抑的自己。

第二，参照点是当下真实的自己，而不是一切外在的标准。从成长角度而言，当下自己内心的感受都是真实的，本质上没有对错好坏的区别。我们只能成为更好的自己，当下的自己还不够好没关系，只要变得更好就可以。面对真实的自己，才能建立起真正的自我，也才有基础去追求无我。无我是对自我的放大和超越，而不是一个注意力无法回到自己身上的飘荡的游魂，或者参照点不稳定而无法对自己建立客观认识的混乱的人格。

第三，将工作、生活中的反应和节奏慢下来。时间的存在是客观的，快或者慢是人们不同生活状态所带来的感受差异，所谓不同生活状态源于一个人管理自己注意力的能力，体现为"注意力和精力投向位置"的不同。"感觉慢"意味着注意力能够深入每一个当下，身心在一起，每一分每一秒的生活在自己的身心上留下切实的印记。"感觉快"则意味着身心分离、关注点向外，因为外部环境的波动而很容易导致重心前移。总是想着结果容易造成焦虑而很难专注于过程，因为着急得到结果而希望过程快点度过，过程的痕迹比较模糊和浅显，更容易感觉是"匆匆的"。就好像我们一直在生活里，却只是被生活经过了而已。

只有慢下来，觉察才有可能超越本能的反应逻辑，时间才有可能是自己的，也才有机会主动分配自己的精力。"慢下来"才能破解"自己编织意义的逻辑和过程"，完成对心灵能障的释放。只有慢下来，才有可能去做精神生命探底的、筑底的、扎根的努力。一个人的根如果不稳和不够深的话，遇到外在的风浪自然会有被连根拔起的风险。向内求才有机会自我觉察，而自我觉察不是为了基于人设的伪装、控制或者压抑，而是在保持内外一致贯通的情况下，有机会去做重重深入、升级心灵层次的功夫。

无论遇到任何情境，都暂时放下事情本身的对错好坏以及与人互动时所产生的好恶感受，注意力向内，将它当作一次认识和升华自己的机会，始终向内，在环境和事件秒秒动态变化的过程中，始终以自我的觉察与改变支撑外在的呈现和应对，并不容易做到，甚至会非常难做到。因此，真正的"向内求"并不只是一个愿望或者原则，而是一项需要经过切实而艰难的训练才会有的客观能力。但如果一个人要想真正追求成长，"向内求"就是那件很难却唯一正确的事。

面对：直面的穿越

向内求之后，便是面对。显然，这个时候的面对，面对的是自己而不是他人，这是面对的第一个要点。不是兴奋的时候更加兴奋和忘乎所以，对自己失去觉察；也不是遇到不舒服时怼回去和还回去，为了示强或者证明自己不是胆小怕事而以牙还牙地报复回去。面对是把关注点放在自己身心上，觉察身心的变化与感受。

面对的第二个要点是"接受"，而不是"死扛"或者"自我否定"。接受意味着接受真实的自己，承认"我的心又被触动了""我又有情绪起来了"或者"我不舒服了"这样的客观现实，承认"虽然我希望自己是强大的、从容的、处变不惊的，但我当前的水平还没到，我只能从接受当下真实的自己做起"。而不是明明已经不舒服了或者感到无能为力了，还强忍着和强撑着；也不是陷入自我质疑和否定，纠缠在"为什么就我不行""我就是啥也不行"之类的念头当中。

面对的第三个要点是"面对和接受当下"，而不是"事后分析"，也不是"回顾过去"或者"假想未来"，要学会"扔掉录像带"。面对是在自己情绪升起的刹那或者过程中意识到了，改变习惯性向外的反应方式，注意力放在自己的波动上，有机会去做释放和升级的功夫，而不是在事情过后才意识到，分析自己的状态和问题。等到再有事情发生、心里再次产生波动的时候，仍然无法改变反应方式。当然，觉察力的提升需要练习的过程，通常都是从"事后意识到问题"开始。与此同时，"接受当下"意味着只是关注当下身心的真实感受，不去做前因后果的分析，不去联想过去和假想未来。已经发生的事情就像是录像带，不用去反复回看和强化，最好的方式就是直接扔掉。

面对的第四个要点是，避免用形式化的努力去掩盖主动逃避的事实。情绪一旦升起的时候，为了切断向外反应的惯性和路径，可以做转移注意力的努力，目的是在收回注意力之后"面对自己"。如果转移注意力的目的是避开不舒服感，就会变成一种积极的逃避。比如，工作中与领导相处发生摩擦，为了回避心里的难受感而让自己醉心于读书，或者看似积极地换一份工作，实际上都是在逃避面对自己。

如何面对？

平日里出现杂念干扰，我们可以在意识到念头出来的时候，不去管它，就像天空里的浮云，不去管，时间到了也就散了。另外一种选择是把念头转掉，就像我们一直盯着云彩看的话，真的就会慢慢散开一样，只是时间问题。前提是我们知道那只是云朵，我们不会在转念的时候整个心陷入其中，被念头本身所裹挟和覆盖。

当我们遇到重大挑战而容易心生恐惧的时候，往往就不仅仅是一个杂念的问题，此时就好像有一条我们不愿意往前看但又很容易被巨大磁场吸附进去的、深不见底的隧道。一刹那间想起，便毫无反抗之力地被卷裹进去，迅速被巨大的恐惧所穿透。这种时候，仅仅靠转移注意力，让念头自己灭掉往往很难做到，因为隧道的吸附力太强。

此时的面对，就是干脆把隧道的尽头看清楚，不让它像黑洞一样存在。既然没有办法不去想，就干脆不做抵抗地、直面地把尽头看清楚。事情最坏的可能会是什么？一旦发生的话怎么办？想清楚了，做好相应的准备和安排，也就能够放下。如果我们内在能够始终保持正向的信念，就会发现，没有什么结果是真正可怕的。凡事都有两面，重大考验和挑战的背后同时也孕育着生命重大跨越的机会，一切都在秒秒的变化中。即便是在看似黑暗的尽头，也早有一线光明存在，等着我们去发现和更积极地拥抱。

这时需要先让自己弱下来、软下来、松下来，承认并接受自己当下的真实感受和不完善的自己。当自己能够切身地感受到被不舒服感压着、缠绕着甚至堵着，这个时候"我"的着力点就到了不舒服感的下面，就像是抬头看向天空，阴云密布、黑云压顶。只有这样，才是真正面对的开始。在此基础上，直面所有的不舒服感，哪怕是铺天盖地的绝望和恐惧，既不挣扎和抗拒，也不躲避和怯懦，相信乌云的背后一定是晴空万里，一点一点地直视和穿越过去，直到乌云渐渐散去。

如果一个人的精神生命是有根的，真正实证到了生命的真相并以此作为生命的依托点，这个阶段，无论外面的世界发生什么，无论遇到怎样的境遇，所谓面对，意味着一个人的内在始终是"连着根"并且是"不离场"的。如果来自根的信仰和信息不足以应对当下的问题，一种方式是回到原来的习惯去应对，但自己是知道的，应对完了再回来，尽量让连着根的时间慢慢延长。另外一种方式是，虽然连着根去面对似乎无法解决问题，或者只能艰难地、缓慢地解决问题，但仍然坚持去面对，面对当下力量有限的自己和不够理想的结果，不因外在的干扰而回到以往的惯性当中，把过程当作功夫去练习。久而久之，源自根部的能量通过自己的身心就会变得越来越通畅，越来越稳定而有力量。最终，不仅有能力解决以往无力解决的问题，而且能够进一步掌握主动权，洞察入微并游刃有余地应对和化解各种复杂的局面和难题。

疏散：不做抵抗地受着

能够做到"面对和接受"，才有了接下来的"不做抵抗地受着"。对于比较重大的冲击，不是接受了就马上可以恢复状态。接受意味着不做对抗，让心里升起的情绪能量在不被干扰或者减少干扰的情况下有机会被释放掉。这个过程往往需要时间，而在这段时间里，就会有一种"不做抵抗地受着"的真实感受。

"不做抵抗地受着"的关键是"不做抵抗"。"不做抵抗"既不是"急着去掉和否认不舒服感"，也不是"消极地扛着"。"扛着"的关注点通常还是向外的，注意力的焦点往往在引发自己不舒服感的外在事物或者人身上。要么超出自己的能力范围，力不从心也要强顶着，不认输；要么对事情不理解、想不通或者感到无能为力而不愿意接受结果。一方面，被纠结、无解、疲惫、憋气、想不通、不甘心、为什么、凭什么之类的念头和情绪缠绕，消耗一个人的精神。另一方面，"不行也得行""必须行""说到必须做到""不能让人看扁"之类的念头像是一个硬壳把自己的脆弱感包裹起来。

习惯了凡事都扛着的人，久而久之会对自己的不舒服感形成习惯性压制和忽视，导致对自己的身心变化越来越不敏感。虽然通过强忍、压制和硬挺着等极限施压式的训练，一个人的承受力会大幅提升，但是这样做往往比较冰冷和坚硬，给人一种沉重的压迫感，缺乏柔韧的温度，并且有断裂的风险。

"受着"的前提是方向对内和"不做抵抗""与不舒服感共处"，是一种真实而积极的承受。不仅仅是接受一件事情方向上的茫然或者结果的不确定，同时也是接受因为茫然或者不确定所带来的身心的不舒服感。注意力不被引发自己不舒服感的人或者事情所牵走，关注点始终放在自己的心里，接受自己当下真实的状态，"不舒服就是不舒服，心气变弱就是变弱了，身体累了就是累了"。这个时候，虽然心里有可能是堵着的、压着的、闷着的，但同时身心又是相对放松的，不是一种收紧的、提起来的状态。当然，"受着"并不是自怨自艾地沉溺与放弃，给自己贴个"不行"或者"柔弱"的标签而放弃努力。

转化：积极的努力

"不做抵抗地受着"意味着注意力向内，跟当下的身心在一起，与不舒服感共处，既不对外宣泄，也不对内沉溺。把问题交给时间，等到情绪能量散去，就会有一种由内而外的疏通和轻松感。这个时候，再去面对事情和人，就会发现，哪怕换了场景或者换了对象，原来量级或者同类型的问题都不再是问题。本质上是因为自己完成了内在心理模式的超越，散去的是一重心灵能障，实现了心灵层次的升级。

被一件事情压着看似茫然无解的时候，心里被难受的感觉闷着而无能为力的时候，一方面，把无解的事情交给时间，等着能量渐渐散去，让答案自然呈现。就像是一朵花的绽放，外在的花瓣脱落，新的更里面的花瓣也在慢慢地生长。在新的花瓣长出来之前，甚至会感觉更为娇弱，这是必须经历的蜕变的过程。一个人往往就是需要在深度的无力感里面才能渐渐生长出更内在的力量。

另一方面，在不被干扰地受着的同时，如果有能力，还可以尝试去做更积极的努力。一边难受，一边知道自己在难受。"知道的存在"就像是在难受的下面或者底部，被难受压着，又不至于被彻底覆盖。这个时候，"知道的存在"虽然力量比较弱，但也可以试着做些积极的努力，包括强化正向的信念和对未来保持积极的预期。难受是散开了一重能障，难受过去之后，自己会变得更有力量，也可以采用深呼吸或者从自己能够体会到的最深处往外发声、喊出去的方式，以加速情绪能量的散去。与此同时，工作、生活总在持续，在疏散情绪能量的过程中，放慢节奏，能做什么就做点什么，不让时间虚度。相当于在不干扰蜕变发生的同时，为新力量的生长积累资粮。

在状态、有所觉与深入行

回到本书第三章中的图 3-6，以一个个体的身心为重心，外面的世界是"外"，精神生命的"根"为内。内外通道大致包含了几段：大脑与外部世界之间（以大脑为主应对外部世界），心与外部世界之间（以心为主应对外部世界），心脑之间，身心（重心，当下的心灵层次）与根之间。如果不加以训练，对于绝大多数人而言，这些通道往往都是断开的，甚至相互之间经常存在冲突和矛盾（如图 3-6 中 × 号所示）。

把工作、生活过程中发生的一切都转变成认识和升华自己的机会，意味着无论我们在反应外部世界的过程中遇到何种障碍，都是身心的真实反应。这个时候，我们要练习"向内求"，把注意力收回到自己的身心上，觉察自己，至少以"心"为起点，去做由内而外的疏通工作。

与此同时，与"遇到障碍和触动时从向内求开始去做疏通的功夫"相比，更为高效的方式是主动让自己在工作、生活的一切场景中保持"在状态"。"在状态"是指以"心"为主，由内而外、身心一致、大脑无分别的简单、真实状态，即所谓"直心"的状态。"内"是指中丹田能有所感的最深处，"外"是指由中丹田通过眼、耳、鼻、舌、身而向体外到达所有外部世界的对象。简单地讲，就是要学会"保持真实"和"走感觉"。

也就是说，在图 3-6 中的通道还是断开和不通的情况下，我们至少可以以"心"（心是精神生命在个体身上的根）为起点，尝试让自己保持内外一致的状态，并且对于"由内而外"

的整个链路保持觉察。久而久之，就会对"未分别前的反应"建立觉察。这种情况下，相当于在没有发生外部显著刺激的情况下，也在做内外疏通的功夫。只有这样，工作、生活和学习才能真正打成一片，最大限度地提升学习效率。

"在状态"是顺应自己当下的真实感觉和反应，是一种流畅应对的状态，就算是处理结果不够理想，也是自己当前的水平决定的，接受和逐步进步就好。以"在状态"去应对事情，无论结果如何，都是真实的自己能够做到的最好的结果。当然，对于很多人而言，刚开始的时候并不容易做到，遇到事情的时候，反应太快了，分不清楚有没有"在状态"。可以从觉察"不在状态"开始，一旦开始产生分别、分析和纠结，显然就已经"不在状态"。意识到自己"不在状态"，可以通过吐气的方式让自己恢复状态，然后再去应事。如图3-6所示，因为由内而外的通道是断开的，遇到事情的时候，就容易产生重心前移，但无论自己的注意力已经到了什么位置，只要意识到了，就调整回来。经过长时间的努力，重心就会慢慢回来，通道也就能慢慢疏通。任何时候不知道自己有没有"以心为主"时，有一个简单的方式，就是用自己的一只手掌捂着心口的位置，体会从心里出发向外反应的感觉。

认识自己是认识真实的自己，从心（当下够得着的心灵层次）出发，在工作、生活中保持内外一致的状态，疏通当下从自己到外部的通道。没事的时候，主动保持"在状态"。遇到外部触动的时候，借机释放掉自己的能障，让心灵层次有内化的机会。在此基础上的"有所觉"，是对自己的"我"的觉察，并且是试图看向"我"的更内在的觉察。在"我"应对外部世界的同时体会和实现"我"的向内深入，即"外化的同时内化"。只有不断指向内在的"有所觉"，才会让我的层次拥有深入的可能。从这个意义上讲，"在状态"是"有所觉"的前提，而主体层次不断内化的"深入行"，则建立在"有所觉"的基础之上。

平时没事时的"在状态、有所觉和深入行"，与每日功课一样，也属于主动打扫身心卫生的工作。长期持续疏通，有利于能量垃圾的持续释放，相比而言，是更为文明的进步方式。所有的情绪，外化出来会有各种体验上的差异，未经生发的时候，都是能量的存在。如果只是借着外部事件的刺激来触动自己心灵的能障，一旦外化和生发出情绪，很容易裹在人和事的复杂纠缠里，加上各种感受上的难受和丰富，就会比较折腾。而且随着一个人进步的深入，被触动到的能障本身也是更为深入的，一方面，更难以觉察，另一方面，一旦生发出来再去面对和处理，代价也会比较大。所以，对于学习而言，越是到了后面，就越是会发现，长期坚持的日常功课才是最重要的。

结语

一个人的生命包含了物质和精神两部分，真正的内圣意味着找到精神生命的"究竟的根"，外王则是以"究竟的根"为着力点的生命外化与责任承担。内圣的程度决定外王的水平，外王的过程也是对内圣的学习和检验过程。内圣外王不是一个静态的终极的标准，而是一个动态的、持续接近的学习路径。

一个人走向内圣外王道路的关键，一是在自己的身心上打通"根、重心和关注点"之间由内而外的、内外贯通的道路，二是对"究竟的根的体证"和"以究竟的根为着力点的外化"。内圣外王的道路体现了最高效学习方式的逻辑，即将人作为学习的载体同步进行开发与应用。知和行的主体的升级带动知和行的水平以及"知行合一"的层次不断提升。一个人精神生命的开发包括主体层次的升级与力量增强，要求我们从当下主体够得着的着力点出发，内外贯通，重重深入，大胆假设和小心求证。

具体到方法而言，"每日功课"要求每日有专门的时间将注意力放在自己的身心上，做修身和修心的功课，找到自己的方便去做身心能量垃圾清理的功夫，从三位一体系统健康的原理出发，逐渐掌握自己生命健康的主动权。

"工作、生活和学习融为一体"的训练让我们从刚开始只关注工作结果和目的的追求，逐渐转向对过程中理事人的逻辑打通和规律探索，包括理的边界的放大、事情规律的感通以及对他人的认识和对自我的觉察，并基于良性的 PDCA 循环支撑一个人洞察本质的能力的持续贯通与升级。就一个人精神生命的成长而言，更有利于原有层次下的经验丰富与力量增强。相当于通过"关注工作目标和结果——关注工作过程——觉察参与工作的他人——觉察自己"的过程，让我们的注意力和重心逐渐能够从外向内拉回。工作最大的意义是完成自己的升级，工作结果是得到升级后自己能力的自然呈现，并且是持续稳定的呈现。

"工作、生活和学习融为一体"进一步强调"自我觉察"，关注"我"的层次升级，而不仅仅是原有层次的力量增强。工作、生活中发生的一切都是认识和升级自己的机会，一切的起点是"向内求"。遇到任何事情的时候都能够关注自己，进而通过"面对""不做抵抗地受着"与"积极地转化"的应对方式，完成对"我"的认识和"我"的障碍的释放。除了"借事炼心"的方法以外，时时保持"在状态"，以心为主，让自己随时处在由内而外、身心一致的通畅的状态，是更进一步主动的练习方法，把工作、生活和学习真正打成一片、融为一体，最大限度地提升学习效率。

与此同时，在践行所有方法的过程中，只有养成"及时描述和记录自己身心状态真实变化的习惯"，相当于构建一条认识自己的实修学习主干道，才能让所有的练习都始终围绕"认识自己，成为更好的自己"的主题，不忘初心，一以贯之。

作为一个成年人，自我感的建立是成熟的标志，也是独立承担责任的前提。一个没有自我的人，总是容易不同程度地依附、迷信和盲从，无论拥有什么，人格成长上都是不成熟的，很难支撑起自己的身心健康、公民的社会责任和与他人相处的幸福感。而建立了自我的人，在努力追求生活改善和承担责任的过程中，又容易因为外部获取和内在成就感的增加而强化"自我"，变得封闭、自私、骄傲和怀疑。

于是，"建立自我"也是"追求无我"的学习的开始。"无我"不是指没有原则、没有个性，也不是脆弱、依附与寄生，更不是虚妄的存在感，而是对自我的持续超越，是一重重"我"的能障去掉之后、精神生命的层次升级之后的自然呈现，是一步步接近通达生命究竟智慧的努力。

认识自己，才能认识世界和认识他人；变得"无我"，才能理解、容纳和化解所有他人的"我"。成为更好的自己，才能帮助身边所有的有缘人都成为更好的自己，反求诸己，内圣外王。

参考文献

[1] 杨海鹰. 如何安心如何空 [M]. 2 版. 北京：中央编译出版社，2014.

[2] 夏克特. 探寻记忆的踪迹：大脑、心灵与往事 [M]. 张梦洁，译. 北京：机械工业出版社，2021.

[3] 契克森米哈赖. 心流：最优体验心理学 [M]. 张定绮，译. 北京：中信出版社，2017.

[4] 铃木大拙. 禅与日本文化 [M]. 钱爱琴，张志芳，译. 南京：译林出版社，2014.

[5] 吴国盛. 科学的历程 [M]. 长沙：湖南科学技术出版社，2013.

[6] 王涵. 中国历代书院学记 [M]. 北京：商务印书馆，2017.

[7] 卡尼曼，西博尼，桑斯坦. 噪声：人类判断的缺陷 [M]. 李纾，

汪祚军，魏子晗，等译.杭州：浙江教育出版社，2021.

[8] 亚隆.存在主义心理治疗 [M].黄峥，张怡玲，沈东郁，译.北京：商务印书馆，2015.

[9] 弗兰克尔.生命的探问：弗兰克尔谈生命的意义与价值 [M].李仑，译.北京：人民邮电出版社，2021.

[10] 辜鸿铭.中国人的精神 [M].黄兴涛，宋小庆，译.北京：外语教学与研究出版社，2020.

[11] 冯友兰.中国哲学简史 [M].赵复兰，译.北京：新世界出版社，2004.

[12] 钱穆.中国历史精神 [M].北京：九州出版社，2012.

[13] 梁漱溟，熊十力，唐君毅，等.生命的奋进 [M].北京：九州出版社，2017.

[14] 陈来.宋明理学 [M].北京：北京大学出版社，2020.

[15] 费孝通.乡土中国 [M].北京：人民出版社，2008.

[16] 松井忠三.解密无印良品 [M].吕灵芝，译.北京：新星出版社，2015.

[17] 麦金德.历史的地理枢纽 [M].林尔蔚，陈江，译.北京：商务印书馆，1985.

[18] 德鲁克.卓有成效的管理者 [M].许是祥，译.北京：机械工业出版社，2021.